콧구멍 카페

그루시선 113

콧구멍 카페

박윤희 시집

그루

| 시인의 말 |

    퇴직하고 소일 삼아 텃밭을 일구었다. 꽃을 심고 채소를 가꾸며 땡볕을 피하고 일하다가 쉴 수 있는 곳이 필요해서 작은 농막도 지었다. 지나다니는 사람들마다 "콧구멍만 하다. 성냥갑만 하다."며 입을 대는 바람에 '콧구멍 카페'라는 농막의 닉네임을 얻었다. 작지만 큰 집 '콧구멍 카페'에서는 바람이며 햇살, 작은 돌멩이까지 어느 하나 시詩가 되지 않는 것이 없다. 꽃이 많아 벌, 나비 떼에 이웃집 강아지와 길고양이까지 드나드는 바람에 날마다 북적대는 '콧구멍 카페'는 내게 너그러움과 사랑을 싹틔울 수 있도록 해주었고, 두 번째 시집도 엮을 수 있는 용기를 가지게 해주었다.
    '고마워, 콧구멍 카페!'

2025년 봄

박윤희

차례

005   시인의 말

제1부 콧구멍 카페

012   콧구멍 카페
013   봄
014   물 동그라미
015   청보라 산수국
016   초록 새잎에
017   꽃비
018   꽃다지
019   삼동초
020   꽃무릇
021   모란
022   낮은 곳으로
023   잡초
024   그늘
025   그리움
026   비 내리는 정원
027   백일홍
028   가을 햇살 한 움큼
030   꽃 속에 파묻혀 울던 날
031   깨워, 말어?
032   휘청거렸던 2020년의 봄

제2부 발길 닿는 대로

- 034 우유니 소금 사막
- 035 0번 버스
- 036 핀란드 풍경
- 037 블루로드를 걸으며
- 038 설산 트레킹
- 039 소소한 행복
- 040 사려니 숲
- 041 세월을 낚는 사람들
- 042 장 구경
- 044 부끄럽다
- 045 청령포 애가 2
- 046 자작나무 길
- 047 범섬
- 048 도리사 서대에 앉으니
- 049 바다 그리다
- 050 천년의 햇살과 두 얼굴
- 051 어부림 방조제 아침 풍경
- 052 걷는다 그냥
- 053 대천의 파도길
- 054 비화飛火

제3부 기도

- 056   기도
- 057   3월이 되면
- 058   슬픈 봄날
- 059   빛나는 5월
- 060   깨어나라
- 062   빗방울
- 063   대프리카
- 064   대지의 사투
- 066   깨가 쏟아진다
- 068   익어야 제 맛
- 070   낙엽
- 072   숲
- 073   가을에 젖다
- 074   소망
- 075   문득 가을 생각
- 076   세월
- 077   위기
- 078   12월을 보내며

제4부 아방가르드

- 080 아방가르드avant-garde
- 081 너는 무엇으로 꽃을 피웠는가?
- 082 인생 2막 날마다 소풍
- 083 글을 쓴다는 것은
- 084 길 위에 또 다른 길
- 085 어느 시인의 육필 시집
- 086 고만고만한 벗 여섯
- 087 닮은꼴
- 088 창살 없는 감옥
- 089 코로나19 막차
- 090 거리 두기
- 091 살아 있다는 것은
- 092 특이 질환
- 093 창窓이고 싶다
- 094 그날
- 096 오지랖
- 097 칼의 노래
- 098 더 늦지 않게
- 100 날마다 감사

해설

- 102 언어의 여행, 시가 태어나고 시가 머무는 경계

제1부 콧구멍 카페

콧구멍 카페

콧구멍만 한 여섯 평 농막에
카페를 열었다

손바닥 그늘에 앉아
바람 한 잔 마시고
밭갈이로 흘린 땀방울에
풍년을 꿈꾸는 곳

제비꽃 한 송이에도
벌, 나비 떼가 북적거린다

콧구멍 한 번 벌렁거리면
온 세상이 내 것이 되는 곳

오늘은 뒷집 강아지랑 야옹이가
손님으로 앉았다

봄

오는 듯
마는 듯
주춤주춤
또
옷깃 여미며
뒷걸음치는가 싶더니

남풍에 등 떠밀려
올 때는
꽃이 한 아름이다

물 동그라미

물 동그라미를 그려가며
오물조물 땅속 씨앗들을 버무려 놓은
봄비 덕분에
쌉싸름한 봄나물 한 젓가락에도
텁텁하던 입속이 상큼하다

산허리를 휘감으며
물안개를 피워내는
봄비 덕분에
깨알 콩알 속
달달한 가을을
물 동그라미로 미리 그려본다

청보라 산수국

하늘 향해 온몸으로
나팔을 불며 사랑을 외쳐대는
주황하늘말나리꽃의 사랑 노래에
온화한 미소만 지을 뿐
한 장의 꽃잎도 흔들림 없던
청보라 산수국

떼 지어 춤추는 보랏빛 나비한테
꽃잎 마디마디
곁을 내주고 말았다

누군가
초록은 동색이라고도 하고
사랑은 움직이는 것이라 했지

나비 떼 둘러친 우아한 자태에
하늘을 받쳐 든 바다조차
청보라 산수국 꽃잎 사랑에
쪽빛으로 물들었다

초록 새잎에

장미 넝쿨 아래
백일홍 씨앗
새순을 내놓았다

초록 새잎 속에
환하게 웃고 있는 꽃송이
지난여름의 잔재인가
새순의 진심인가

얇은 바람에도 흔들리는 꽃송이
미리 보는 기쁨
초록 새잎에 거는 기대
지루함 너머 기다리는 떨림

사랑인가 보다

꽃비

수천 수만의 꽃잎 잔치로
금오지 수면이 하얗다
온 산천이 형형색색 꽃단장을 해도
민낯으로 도도함을 자랑하던 금오지

꽃비 내리고 초록마저 춤추니
꽃잎 화장에
금오지 민낯이 하얗다 못해
발그레하다

꽃다지

콧구멍만 한 내 쉼터 마당에
천지로 코딱지풀꽃이 피었다

모아모아
샛노랗게 꽃을 이고 있다
그리 힘들게 하지 않아도 괜찮다고
속삭여 주었는데도
무관심이 서러워 그랬단다

봄 햇살 한 줌도 무릎 꿇도록
그저 노란 꽃잎
마구마구 터트려보았단다

너의 눈물 닦으려
나도 무릎 꿇었다

예쁘다
꽃다지야

삼동초

겨우내 찬 바람을 견뎌낸
삼동초

쌉싸름한 기운이 오히려 달짝지근하고
입안 가득 노오란 향기로
봄을 재촉한다

엄동설한에도 놓지 않았던
유채의 가녀린 미모에
꽃다지, 제비꽃이
묵은 흙 털어내고
바쁘게 단장하며 하는 말

'멋 내다가 얼어 죽는다'는 말
틀린 것 같아
삼동초는 꽃만 잘 피우는구면

꽃무릇

꽃이 먼저인들, 잎이 먼저인들
무슨 상관이랴
앞서가는 붉은 적삼네
기다려 달라
손짓도 해보고, 소리쳐 봐도
마주할 수 없음이 서러워라

먼발치
아침 이슬에 젖어
눈두덩이 더욱 붉어지는 모습에
가슴 저미느라
내려앉은 임 얼굴 보지 못했다.

모란

모란이 핀다.

밤새 이슬을 머금은 채
터질 듯 말 듯 애쓰는 모습에
달빛을 따라 도리뱅뱅이질을 치던 오월이
햇살 빗장을 열어 모란을 피웠다.

모란이 떨어진다.

그리 쉽게 꽃잎 내려놓을 양이었으면
봉오리째 그대로 둘 것을
오월의 햇살조차
모란의 아름다움에
질투를 하나보다.

낮은 곳으로

하얀 싸리꽃이 몽실몽실 피어오르고,
노란 수선화랑 보랏빛 붓꽃이 줄지어 웃어주는 날
길 따라 걷다 보면
발목을 간지럽히는 패랭이꽃들의 향연을 만난다

키 작아도 무시할 수 없는 뭉클함에
저절로 고개 숙여 몸을 낮추게 되는 나를 본다

그저 내 눈높이로만 보려던 세상이 미워
먼 산을 흘겨보던 때가 생각나서
패랭이 꽃잎에 찔끔거리며 눈물을 떨군다

바람이 덜 타서 꽃잎의 흔들림이 적은 곳
낮은 곳에서 나를 찾는다

잡초

씨 뿌리지 않아도
무리 지어 싹 틔우고
물 주어 가꾸지 않아도
푸르름이 더해지는

무심한 발자국이 짓밟아도
그 발자국 지나기 전에
먼저 일어설 줄 알고
궁핍함 속에서도
꽃으로 피어나
그 삶
승화시킬 줄 아는
잡초

본래
너는 삶의 근본이었다

그늘

따가운 햇빛 틈새로
구름 한 조각 주워 만들어 낸
그늘 한 뼘

잔잔하다

화려한 춤사위도
숱한 외침도
그늘 아래서는
숙연해질 수밖에

한 뼘 그늘이
세상 전부가 된 날
새로운 세상을 그려볼
손바닥만 한 꿈도 생겼다

그리움

온종일 풀을 깎는다
예초기는커녕
제초제도 마다하고
낮 한 자루에 의지한 채
하루 종일 땀을 흘린다

추석 명절이라고
대처로 떠난 일가친척들이며
세상 떠난 조상님들
찾아오시는 길 서글프지 않게
우거진 풀숲 되어버린
사랑채, 안채, 그리고 장독간까지
두루 밟고 풀을 깎으며
땀을 흘린다

흐르는 땀방울
그것은
뿌리를 찾는
기다림이고 그리움이다

비 내리는 정원

골골거리던 분홍낮달맞이꽃
꽃대 곧추세우고 살맛난다는
너의 함박웃음에
나도 한숨 돌렸다

뿌리 끝을 도려내는
태양의 혹독함 속에서도
핑크빛 꿈을 꾸는 너를 보았기에
시詩 한 줄 써 내려가지 못한
열대야의 지독한 연단도
참아낼 수 있었다

비 내리는 정원
결국에는
너도 살고 나도 살았다

백일홍

화무십일홍花無十日紅이란 말이 무색하다
꽃대마다 받쳐진 꽃잎은
백일을 거뜬히 견뎌내며
이름값을 톡톡히 해냈다

봄가뭄이 심해 꽃을 피우지 못할까
걱정이 되어서였을까
유월의 꽃이라지만
오월부터 꽃이 피기 시작했다

가뭄이 해갈되고 10월이 지나도
나비 벌을 불러 모으느라
꽃잎 떨어질 줄 모르니
이제 이름도 바꾸어야겠다

이백일홍이 어떨까?

가을 햇살 한 움큼

뒷마루에 널린 대추 말리는 데
가을 햇살 한 움큼이면
족하다

처마에 매달린 곶감 말리는 데도
가을 햇살 한 움큼이면
그만이다

담장 위에 걸터앉은 누런 호박 덩이도
가을 햇살 한 움큼에
이제
다 익었단다

들판이며 산골 깊은 골짜기까지
이마에 땀이 송글송글 맺히도록
햇살을 퍼 나르느라
가을은
흰 구름 한 점과 노닥거리지도 못했다

그래도
부지런한 햇살 덕분에
올가을도 풍성하다
가을 햇살 한 움큼 덕분에
추수하는 어머니 허리도
곧게 세워진다

꽃 속에 파묻혀 울던 날

소출도 없는 꽃은 뭐 할라꼬?
그래도 꽃씨를 뿌렸다

이 가뭄에 고추밭은 우짜고?
그래도 꽃밭에 물을 주었다

태풍에 넘어간 나락은 세웠는강?
대답 대신 여름내 꽃 피운
백일홍 한 다발 안겨 드리고는
누운 코스모스를 일으켜 세웠다

꽃이 피니까 보기는 좋으네
툭 던지고 가는 이 한마디에
천지간에 웃고 있는 꽃 속에 파묻혀
울고 말았다

깨워, 말어?

천막 지주 끝에
청개구리 육 남매 오수가 한창이다

바람 솔솔 불어주는
사방이 탁 트인 곳에
널찍하니 방 하나씩 차지하고
집주인 헛기침에 꿈쩍도 않는다

담장 없이 드나들 수 있게 해주었더니
박힌 돌을 빼려드는 심산이다

'이 화상들 깨워, 말어?'

그늘막 펼치려던 주인장
이러지도 저러지도 못하고
땡볕에서 입맛만 다신다

휘청거렸던 2020년의 봄

노란 꽃눈을 기다리던
봄맞이 준비 위원회에서는
코로나19가 두려워
코스모스 하늘거리는 가을을 기약하며
노란 유채밭을 갈아엎었다

꽃망울 하나씩 터트릴 때마다
환희의 찬가를 부르며
꽃샘추위도 두렵지 않다던 꽃눈이
코로나19의 눈치를 보고
경찰들은 벚꽃 마을에 바리케이드를 친다
꽃을 막지 못하니
상춘객 발걸음을 막을 수밖에

2020년의 봄이 휘청거렸다

제2부 발길 닿는 대로

우유니 소금 사막

하늘과 땅이 이어지는 곳
살라르데 우유니는 광활한 소금 사막

낮엔
앉아도 보고 뛰어도 보고
그림자놀이에
내 마음까지 훤히 들여다보이는
세상에서 가장 큰 거울

밤엔
은하수가 빙글빙글 돌아
하늘 호수로 흘러내리고
별똥별이 사방에서 레이저를 쏘는
멀티 과학 쇼가 열리는 곳

우유니 사막 한가운데 서면
무지렁이도
최고의 사진 작가가 되고
시인이 된다

0번 버스

깊은 골짜기 오지 마을만 다니는
0번 버스
글 모르고 기억도 가물가물한 할매들
알아보기 쉽고 기억하기 좋게 붙여진 0번
애칭은 할매 버스

장날이면 마을 사랑방이 되는 0번
승객 없이 봇짐만 가득할 때가 더 많다
그래도 마을마다 버스 문이 열리고
틀림없이 물건을 내려주는 0번

돌부리에 채고 나뭇가지에 긁혀도
일편단심 할매 사랑으로
구불텅거리는 아픔을 감내하는 0번

늦어도 괜찮으니 오기만 하면 된다며
오매불망 기다리는 할매들 태우러
오늘도 달려가는 0번 버스

핀란드 풍경

감자꽃이 하얗게 줄지어
지평선을 만드는 곳
끝없이 펼쳐진 산지를
노랗게 물들이는 밀밭 사이로
듬성듬성 햇살이 모이면
빨간 지붕 아래 햇살 따라
무도회가 열린다

자연과 하나이기에
욕심 부리지 않아도 부자인 나라
사랑한다고 이름 붙이지 않아도
감사가 넘치는 것은
선물 꾸러미 준비에 바쁜
산타가 사는 곳이어서일까

하얀 감자 꽃길 끝으로
자작나무 길게 손 뻗어 겨울을 당길 즈음이면
순백의 찬란한 햇살 너머로
루돌프가 행복을 실어 나르겠지

블루로드를 걸으며

쪽빛 파도 길에서
어머니를 만났다

바다였던 어머니 마음이
철썩거린다

세파에 부서지는 물보라 속에서도
나를 담금질하시던 어머니

셀 수 없을 만큼 부딪치고 부서져서
요만큼이라도 단단해졌다만
얼마만큼
더 부서지고 더 참아내야
바다였던 어머니 될 수 있을까

블루로드를 걸으며
어머니의 깊은 마음 헤아려 본다

설산 트레킹

구름을 이고 걷다가
구름 속 휘적거리다
구름 한 점 안고
구름 손짓에 하늘 올려다보며
만난 조각구름 한 점
눈길 위에 그려 놓는다

구름 속에 쌓은 추억
뽀드득거리는
발자국 속에 묻었다가
설산 넘어
눈바람 날릴 때
꿈에서 깨어나라

소소한 행복

유년의 시절
은하철도 999를 타는 꿈을 꾸고
질주하는 서울행 KTX 고속열차를
처음 탔을 때의 국민 자부심보다

송네피오르드 협곡을 달리던
노르웨이 산악 열차에서 느꼈던 신선함과
황량한 들판을 헤치고 마치 화성을 질주하듯
해발 4000미터 허공을 달리는
아르헨티나 구름 기차에서의 짜릿함보다

더 가슴 벅찬 것은
손녀와 함께 한 대구도시철도 3호선
노란 기차 여행

아가야
내겐 너의 놀람과 환호가 기쁨이고
너와의 소소한 일상이
제일 큰 행복이란다

사려니 숲

비자나무 숲길을 시작으로
물찻 오름과 사려니 오름을 거쳐
삼나무가 우거진 신성한 숲길

졸참나무와 서어나무가 어우러지고
새소리 따로 바람 소리 따로이다가
다시 하나로 함께 어우러지는 사려니 숲길

산수국이 나비 되어
꽃가루 퍼 나르고 시詩를 뿌리는 봄날
때죽나무 가지에 걸린 한 편의 시를 읊는다
걸으며 읊으며 숨 쉬는 숲길

하늘만 보고 웃는 편백 아래 서니
이제 내게도 조그만 산길 낼 수 있겠다
나도 걷고 너도 걸을 수 있는 오솔길
내 가슴 열어 낼 수 있겠다

세월을 낚는 사람들

오봉저수지에
땅거미가 내려앉을 때쯤이면
낚싯대를 드리우고 있는 사람이 많다

고기를 잡아 올리는 사람은 없다
잡은 물고기를 담아낼 바구니조차 없는데도
멀리 던져진 낚싯대는 사뭇 진지하다

삶의 근원인 물을 바라보며
그리움을 삼키고는
세월을 낚고 있는가보다

말간 하늘의 성근 별조차
낚싯대로 꾹꾹 누르는 모습이
내 발걸음을 멈추게 한다

물 표면을 고요하게 바라보는 그들 속에서
나도 낚싯대를 드리운다
세상을 향한 요동 오봉지에 담근다.

장 구경

2일 7일은 선산 장날
다른 약속을 잡지 않는다
한 번이라도 건너뛰면
다음 장날을 기다리기엔 너무 멀다

별로 살 것도 없으면서
장날마다 장마당 구석구석 살피고
늘 보이던 장꾼이 안 보이면
괜히 걱정되어
옆에 앉은 노점 할매한테 안부를 물어보기도 한다

선산장은 없는 게 없다
별의별 야채 모종에 과일나무 묘목들
철철이 바뀌는 옷이며 과일들
중국산이 버젓이 고개 디밀고 있어도
내 눈엔 모두가 신토불이 그 자체다

오늘 점심은 장터국밥
푹 삶은 우거지에 파 숭숭 썰어 넣은 국물

고기 몇 덩이 없어도 국물 맛이 그저 그만이다

한나절 지나면 물건이 동이 나는데도
사람은 더 많이 북적거린다
옛날엔 딸 소식 전해줄 사돈을 기다린다지만
아마도 장 구경 나온 사람이
더 많은가 보다

부끄럽다

지산 샛강에 고니 떼가 나타났다.

도심 속 습지를 어떻게 알고 찾아왔는지 수십 마리가 무리를 지어 도심의 빌딩 사이를 휘돌아 사뿐히 물 위로 내려앉았다가는 또 물을 박차고 하늘을 날아오르는 고니 떼의 군무가 경이롭다. 고니의 아름다운 자태를 가까이 조금 더 가까이서 보려고 샛강 산책로에 접어드니 '지산 샛강공원 출입 통제'라는 현수막이 눈에 들어왔다. '사람보다 자연이 우선인 웃기는 세상'을 생각하며 더 가까이 가 '조류 인플루엔자'라는 글자를 발견하는 순간 생각의 오류를 입 밖으로 내뱉지 않았음을 다행으로 여겼다. 가창오리 떼와의 한판 자리다툼도 금세 잠재우고 고니를 향해 하얗게 수면을 내주는 샛강을 바라보니 손바닥보다 작은 내 마음이 보인다. 자연 속에서 건강을 되찾겠다면서도 햇볕을 막으려 세상 좋은 것들을 걸치고 나서는 내 모습이 부끄럽다. 한없이 부끄럽다.

청령포 애가 2

해가 가고 달이 와도
달이 가고 또 해가 와도
아무도 오지 않았던 그곳
섬 아닌 섬 청령포

열여섯 애달픈 울음
듣고 또 들어 주기만 했던 관음송
애끓는 단종의 소리
600년을 토해내지 못한 채
안으로 곰삭이느라
솔방울 툭툭 던지며
저 유유히 흐르는 동강 깊숙이
뿌리만 내려 박고 있다

역사의 잔혹함
흐르는 강물에
흘려보낸 지 오래인데
서강은 자꾸만 거꾸로 흐르려 한다

자작나무 길

순백의 세상
눈부신 태양의 부서짐도 하얀 자작나무 길

새하얀 껍질 하나로
영하 20도의 혹한을 버티며
북방의 이야기로 자작거리는
겨울 숲을 걷노라면
톨스토이의 명언이 들리고
닥터 지바고의 뮤즈인
라라의 잔잔한 미소가 보이기도 한다

개천에 빠진 벌거벗은 가을을 건져내면서도
그저 하늘만 바라보는 자작나무 숲은
타락과 타협을 모른다

정직을 욕하며 구시렁거리던 발걸음이
순백의 숲 한가운데서 주춤거린다
군더더기 없는 자작나무의 뻗어 오름에
끝없던 욕망이 산산이 부서진다

범섬

제주 올레 7길에서 만난 범섬
한눈에 들어오는 아름다움에
눈이 시리다

몇 걸음이면 닿을까
몇 뼘이면 닿을 수 있을까

작은 파도 스친 자리
징검바위 놓였다

징검바위 찍고
또 한걸음이면
범섬에 닿겠다

도리사 서대에 앉으니

손가락 하나로
직지사直指寺를 있게 한
아도화상의 눈빛이
황악산黃嶽山 깊은 골에 머물러 있으니

세상 권세
오욕 칠정
낙동강 바닥에서
꿈틀거릴 뿐

억겁의 세월 속에서도
거꾸로 흐르지 않는
물줄기는
유유자적하며
오늘도
불국정토를 꿈꾼다

바다 그리다

밤베르크는
밤새
커피 담은 찻잔을 들고
바다를 그린다

커피가 그려낸 바다

그 바다가 그리워
나도
갯내음을 따라
바다를 그린다

천년의 햇살과 두 얼굴

산 자에게도 죽은 자에게도
한결같은 천년의 햇살
그 미소 닿는 곳마다
역사의 강이 흐르고
문화 신라가 살아 숨 쉰다

처용의 너그러움에
웃음으로 화답하는 신라의 미소 수막새
포석정 물돌이 한잔 술에
고개 떨구고 말았어도
천년의 약속 잊을세라
남산 마애불 오묘한 미소로
반쪽 남은 수막새 얼굴 다독인다

신라를 받쳐 드는 은은한 미소
천년의 햇살 받은 두 얼굴

수막새여 영원하라
마애불이여 영원하라

어부림 방조제 아침 품경

밤새도록 물질하며 먹거리 떠다 나르고
저만치 물러나 앉은 바다
미역일랑 몽돌 사이사이 걸쳐놓고
조개며 낙지는 뻘 속에 묻어둔 채
아침 찬거리 준비하는 아낙을 부르고
얼기설기 죽망에 모인 멸치는
하늘로 튀어 올라
아침 햇살을 가르고 은빛으로 부서진다

상 차릴 겨를도 없이
그저 날갯짓 한 번으로
아침 식사를 끝내는
갈매기의 힘찬 날아오름에
바다는 발갛게 달아올라
철썩 처얼썩 박수를 보내고
언덕배기 어부림은
열 오른 바다를 식히느라
300년이 넘도록 숲을 이루고 있다

걷는다 그냥

평생을 걸었다
걷는 것도 부족해서 뜀박질까지 했는데
내 몸 구석구석 살피던 주치의主治醫가
걸어야 산다고 하기에
기가 막혔다

잘살아 보려고
이고, 지고, 양손 가득 들고
힘겹게 걸었던 것은
이제 그만 하란다
다 내려놓고 걸어야
더 잘살 수 있단다

생각도 비우고, 손도 쥔 것도 비우니
당 수치는 떨어지고,
종아리에는 근육이 생겼다

그냥 걸어도 될 걸
왜 그렇게 힘들게 걷고 뛰었나 싶다

대천의 파도길

새벽 파도에게 물었다
터질 것 같은 가슴 답답함을
어쩌면 좋으냐고

귓전을 스치고
하얗게 부서지며
대답하기를

숨 쉴 수 있음에 행복하여라
느낄 수 있음에 감동하여라
지금 이 자리에 있음을 감사하여라
그래야 숨통이 트인다고

비화 飛火

양간지풍*으로
날아다니는 불꽃
회오리로
산지사방 흩어지는 불꽃이
수학여행단을 태운 버스 꽁지에 붙었다
불꽃이 가로막아도
꽁지 빠지게 달아나는 아이들
캑캑거려도 목숨은 건졌다

*양양과 간성 사이에 부는 국지성 바람

제3부 기도

기도
―새해 아침

새해 첫날
지나간 날들에 대한 감사로
두 손을 모았다가

다가오는 날들에 대한 설렘으로
쿵쾅거리는 가슴을 부여잡았다가

끝내는
사랑하는 피붙이들을 위해
두 손을 하늘로 뻗쳐 든다

어쩌면
아말렉*을 이기려고
받쳐 든 모세의 손처럼
온종일
죽을힘을 다해
두 손을 하늘로 뻗쳐 들고 있겠다

*이스라엘 부족과 전쟁을 일으킨 고대 유목 부족

3월이 되면

북데기를 뒤적거려가며
봄을 찾는 3월이면
언 땅이 들썩이며
아지랑이 듬성듬성 피어오르고
키 작은 꽃들이 하나, 둘 고개를 내밀겠지

구석구석 묵은 먼지 닦아내며
한 계단 발돋움하는 3월이면
텅 비었던 운동장에도
신입생들로 북적이겠지

3월이 되면
새로운 것들로 채워지는 바람에
마음도 콩닥거리고
온 세상이 시끌시끌하겠지

슬픈 봄날

햇살과 함께 화사함의 절정을 이루었던
꽃들의 향연

후두둑 떨어지는 꽃비에
괜히 눈물이 나
눈길 둘 데가 마땅찮다

백 년이 넘은 고목도
잠시 꽃을 피우고 또 내년을 기약하는데
날마다 오늘이 선물이라며
숨이 턱에 닿도록 달려온 삶
바스락거리는 빈 껍데기뿐이다

꽃비를 바라보는 마음 천근만근
나는 무엇으로 꽃을 피웠는가

꽃비가 내리는 어느 봄날
그래도 오늘이 선물이라며
숨 쉴 수 있음에 허공을 바라본다

빛나는 5월

빛나는 햇살에
오월이 반짝인다

오월 앞에서는
순해지지 않는 것이 없다

나무 꼭대기까지 올라간
바람의 용맹함은
순결한 연둣빛 차림으로
오월의 햇살을 맞이하고
매서운 추위를 이겨낸 침엽수 뾰족함도
오월 앞에서 하늘거리는 수선화가 된다

노란 향기 피워대며 노닥거리는
수선화 꽃잎에도
오월이 살고 있으니까

깨어나라

장대비가 며칠간 쉬지 않고 내려
참깨 숨통을 조여 놨다

꽃은 뚝뚝 떨어지고
잎은 시들시들
다리도 힘이 풀린 듯
급기야 드러눕기까지 했다

하루도 거르지 않고
발자국 소리 들려주고, 벌레도 잡아주고
잘 견뎌주어 고맙다며
칭찬으로 키웠는데

지루한 물폭탄에 지쳤나보다

동네 이장님 처방전 받아 들고
농약방에서
요리조리 섞어 주는 약을 받아
해거름 때

잎이며 꽃대 사이사이를 돌며
온 정성으로 약물을 입혔다

내 새끼 키울 때보다 더한 아림으로
밤새워 지켜보며 기원한다

한숨 푹 자고 깨어나길……

빗방울

커다란 토란잎에
미끄럼 타며
또르르 재미나는 말 하나 줍고
바람 없어 심심한 연못에
물 동그라미 몇 개 그려주고
동그라니 고운 말 하나 받아서
방울이가 시를 쓴다

돌부리에 툭 걸리고
바위에 탁 부딪치면서도
예쁜 말 꼭 잡아
방울이가 시를 쓴다

또르르, 동그라니, 툭툭, 탁탁
빗방울이 한 편의 시가 되었다

대프리카

섭씨 40도를 훌쩍 넘었다
가마솥이 된 한반도
대프리카가 된 대구

체온 36.5도
인간의 한계를 넘어
집집마다 땀범벅으로 찜질방 가동 중

이제 일상이 되어버린 기상 이변
유난스러울 것도 없다

원래부터 덥기로 소문난 대구
대프리카로 대표 지명 되겠다

대지의 사투

2024년 8월의 한반도

땅에는
고온 다습한 남서풍이 불어오고
하늘에는
덥고 습한 북태평양 고기압에
고온 건조한 사막 고기압이 나란히 손잡고
들어오는 열을 밀어내는 열돔으로
태풍도 뚫지 못하는 한반도
폭염 경보가 연일 보도되는 바람에
폭염 주의보에는 꿈적도 않는다

숨이 턱에 차 온열로 쓰러져도
더위 수치 갱신에만 열을 올리니
안팎으로 열나는 일만 가득하고
우리의 인내도 절정에 달했다

이 마당에
8·15 광복절 행사마저 둘로 쪼개져

서로 내가 옳다고 주장만 해대니
이 열기를 어떻게 식혀야 할지

목숨 바쳐 나라를 구한 열사들
2024년 8월의 한반도를 보면
열 받을 일이다

깨가 쏟아진다

태풍이 온다고 삼발이로 묶은 채
창고에 들여놓았던 참깨
가을볕에 널었다

따닥따닥
참깨 주머니 열리는 소리가 요란해서
해거름 때 떨었더니
마당 가득 깨가 쏟아진다

집 안에서는
추석 명절이라며
자식에 손주들까지 복닥거리고
손주들 재롱 놀음에
온 식구가 박장대소하니
방 안 가득 깨가 쏟아진다

밖에서도 안에서도
깨가 쏟아지고
담장 넘어가는 웃음소리로

깨를 볶으니
손주들 똥 기저귀 속에서조차
참기름 냄새가 솔솔 난다

날마다 깨가 쏟아지면 좋겠다
때마다 깨를 볶으면 더 좋겠다

익어야 제 맛

추적거리는 가을장마에도
대추 한 알 내주지 않고
단단해지기를 기다리는 중에
고개를 쳐들었던 벼 이삭이
가을 앞에 순복했다

담장 위에 걸터앉은 호박
속살 드러내고 오수를 즐기는 사이
호박꽃 갓 떨어진 애호박조차
가을을 닮아가고

담장 너머로
가을볕을 따라 뱅뱅이를 돌던 고추잠자리
자신을 닮은 빨간 단풍잎에 앉아
사랑을 나눈다

가을
익어가면서 순복하고
익어가면서 내어 주고

익어가면서 사랑을 알게 되니
그래
너는 익어야 제 맛이다

낙엽

물기 머금고 햇살에 비칠 적
아름다웠던 그 모습 간데없다
천길만길 낭떠러지에
떨어지고 곤두박질친 탓일까
부서지는 잎새 사이로
바스락거리는 소리만 요란하다

바스락 바스락
귀에 익은 소리
언제부터인지
내 온몸에서 나는 그 소리인 것을

애틋함을 보고도
눈물이 흐르지 않았고
맛있는 음식을 앞에 두고도
침이 고이지 않을 때부터였을지도 모른다

아름다운 가을에 취해
바스락거리며 부서져

결국에는
가루가 되고 사라질 것을 잊고 있었다

움트는 새싹의 설렘과
찬란한 태양을 마주하던 기쁨에
바스락 소리조차도 잊고 있었다

숲

햇살 품고 바람 안아
우려낸 풀내음
화려하지 않아도 눈길 머물게 하는
잔잔한 바람
작아서 더 촘촘하게 돋아난 봄은
화려하지 않아도
진하지 않아도
온갖 향기가 서려 있는
여름을 만들고 숲을 키워냈다

시작부터 텅 빈 공간이 좋았고
작아서 큰 것을 기대할 수 있었기에
숲이 될 수 있었다

가을에 젖다

누구는
가을에 물들었다 하고
누구는
시에 젖는다 해서
'별것도 아닌 것에 뭘 그러는지' 했는데

음악이 흐르는 물 위를 걸으며
가을비를 맞으니

정말
가을 단풍에 젖고,
시에 물들어 젖고,
음악에 취해 흠뻑 젖는다
시와 음악과 가을에
온몸, 온 마음을 다 적시고 말았다

젖은 가을 너머로
시詩가 보인다

소망

참깨 수확을 했다. 두 말은 족히 될 것 같다. 밭을 갈아 비닐을 씌우고 구멍을 뚫어 코팅된 참깨 한 알씩 넣었다. 흙을 살짝 덮고 일주일을 기다려도 깨 순이 나오질 않았다. 가물어서 참깨가 발아되지 못한 것이었다. 매일 물을 주며 기다렸더니 2주일이 지나서야 깨 순이 보이기 시작했다. 잡초를 뽑아주고 때때로 물을 주며 깨 순의 모가지를 댕강댕강 꺾어놓는 노린재를 잡았다. 하얀 깨꽃이 떨어진 자리에 깨 주머니가 자라면서 참깨가 영글어갔다. 깨 주머니가 몇 개 벌어질 때쯤 깨를 쪄서 해를 마주하고 데크 위에 가지런히 뉘었다. 3번에 걸친 깨 떨이 끝에 얻은 큰 수확. 참깨 한 알의 소망이 이루어졌다. 수천의 생명으로.

문득 가을 생각

지난 늦가을에 씨 뿌려 둔 삼동초
새순이 돋고 노란 꽃이 피었다
시금치는 겨우내 등 구부리고 있더니
햇살 날 때마다 허리를 곧추세우고
늙은 감나무는 초록 잎을 내느라
굵은 몸을 비튼다

가을이 익기까지
뼈 마디마디 쑤시고 삭신이 아팠어도
지난가을은 참으로 달달했다

타작마당에서 튀어 달아났던 쥐눈이콩은
아직도 멀었다며*
봄볕이 한창인데도
돌아올 기미가 보이지 않는다

올가을도 풍요로워야 할 텐데
그래도 될라나?

*쥐눈이콩은 6월에 파종

세월

쌉싸름한 봄기운이
산허리를 감고
물안개를 피워내면
금세 여름 되고
허리끈 질끈 동이며
부채질 몇 번에
가을이 코앞에 와 있다

톡톡 터지는 콩깍지 소리에
너털웃음 웃으려는 찰나
인생도 끝이 난다

위기

당화 혈색소 6.5
아차 하는 순간
합병증에서 벗어날 수 없는 당뇨 전 단계

지구도 당뇨 전 단계라니
삶의 터전의 위기가 실감이 난다
자연 그대로면 1000년에 기온이 1도 오른다는데
우리는 100년 만에 대기 온도를 1도 올려놓았다
체온이 2도만 올라가도
열이 나서 약 처방을 받고 드러눕는다
지구 온난화의 속도가 더 빨라지면
어떻게 되는 거지?
드러눕는 정도가 아닐 테지
너도 나도 소멸이다

위기다

12월을 보내며

송구영신의 밤
오늘 하루에 충실하라는 가르침

거창한 플랜
큰 꿈도 꾸었지만
결국
하루가 모여 여기까지 왔기에
내일 일을 염려하지 말고
과거에 매이지 않고
하루 모아
오늘에 최선을 다해
단단한 삶 만들어 내라 한다

하루 모아 인생
오늘이 세상의 마지막 날처럼

제4부 아방가르드

아방가르드 avant-garde

아방가르드!

멕시코에서 현지인을 위해 말씀을 선포하며 선교사역을 담당하는 한 젊은 목사님의 닉네임이다. 진정한 아방가르드가 되고자 스스로 다잡는 몸부림이 보인다. 예수 이외에는 그 어떤 것과도 타협을 거부하고 온몸으로 벽과 마주한다. 사정없이 밀려오는 평안의 벽으로부터 스스로 담쟁이덩굴이 되어 손바닥이 피범벅이 되어도 벽을 놓지 않음에 기어이 담을 넘을 것이다. 시대를 앞서고 인습을 뛰어넘을 수 있을 것 같았던 젊은 날의 내 아방가르드의 꿈은 담장 어디쯤서 추락하고 있는지,

너는 무엇으로 꽃을 피웠는가?

햇살과 함께 화사함의 절정을 이루었던
꽃들의 향연

후두둑 떨어지는 꽃비에
괜히 눈물이 나
눈길 둘 데가 마땅찮다

백 년이 넘은 고목도
잠시 꽃을 피우고 또 다른 봄을 기약하는데
날마다 오늘이 선물이라며
숨이 턱에 닿도록 달려온 내 삶은
바스락거리는 빈 껍데기뿐이다

흩뿌리는 꽃비를 바라보자니
마음조차 산지사방 흩어지며
소리를 만든다

'너는 무엇으로 꽃을 피웠는가?'

인생 2막 날마다 소풍

달리는 기차에서 내리기는 참 어려웠다
답답함으로 멀미가 시작된 지 오래되었지만
종착역까지 가야 내릴 수 있는 줄 알았다
잠시 정차할 때를 놓치지 않아서 다행이었다
제도권을 탈출하고 한참 후에야 멀미가 가라앉으니
그제야 신선한 공기가 피부에 와 닿았고
새로운 길이 보이기 시작했다

두려웠던 인생 2막
이제는 날마다 소풍이다
멀리 보고 달음박질칠 때도
달리는 기차에 몸을 싣고 있을 때
보이지 않았고, 느낄 수 없었던 것들이
햇살 한 줌 만지작거리며 천천히 걸으니
보이기 시작한다
저 멀리 인생 2막도 보인다

글을 쓴다는 것은

글을 쓴다는 것은
행복이었다

얼굴 마주 보고 하지 못한 말
다 할 수 있었고
한 바가지 욕을 내지르고도
다시 얼굴 마주할 수 있었으니까

하지만,
언제부터인가
글을 쓴다는 것은
무거운 짓누름이 되었다

힘들었던 일상을
또 곱씹어야 하니까

그래도
글을 써야만
행복도 짓누름도 풀어낼 수 있을 테지

길 위에 또 다른 길

아무것도 없을 것 같은
막다른 길

돌아서지 마라
망설여 속도를 늦추거나
멈추지도 마라

조물주 하나님은
용기 있는 자만이
볼 수 있는 또 다른 길을
준비해 두었으니까

스스로 만든 마음의 벽을
허물지 못했을 뿐
차가운 벽은 사랑에 녹아
허물어진 지 오래다

길 위에 길이 보인다

어느 시인의 육필 시집

잊혀가는 손글씨가 안타까워
육필로 시집을 출간했다기에
작품 사이사이 행간에 녹아있는
시인의 마음을 찾아보았다

보이는 곳, 생각이 머무는 자리에서
마음 가는 대로 붓 가는 대로
꾹꾹 눌러쓴 그의 필적은
얼룩덜룩한 삶의 자국이었지만
넘기는 쪽마다 형형색색의 향기가 났다

육필 시집 한 권 속에
잊히지 않을 시인의 얼굴
그리고,
시인의 마음이 빼곡히 들어앉아 있다

아직도 꿈꾸는
시인의 따뜻한 가슴이 나에게로 다가온다

고만고만한 벗 여섯

서라벌을 비추었던 햇살은 특별하다
죽은 자에게도 산 자에게도
한결같이 비추인 그 햇살
오늘 여기 찻잔 여섯에도 가득 담겨있다

천 년 세상을 호령하던 이의 무덤 사이를
깔깔거리며 다닌 세월이 수십 년인데
반백의 은발에 비추는 반짝임에
이제야 그 햇살이 특별함으로 다가온다

찻잔에 담긴 햇살을 마시고
그래도 남은 햇살
등에 지고 머리에 이고
천년의 골목을 돌아
남은 일상을 걸어본다
백년 인생사에 남을
고만고만한 여섯 벗과 함께

닮은꼴

책장을 정리하다
오래된 딸의 고발장을 발견했다

초등학생 글짓기대회 산문 금상으로
우리 가족의 일상이
만방에 알려졌던 사건이
주마등처럼 지나간다

'그땐 그랬었지.'라는 추억보다
날마다 분초를 다투며
엄마의 삶보다 더 바쁜
딸의 일상을 생각하면 마음이 무겁다

내가 살아온 삶보다는
더 가볍고
더 여유롭고
더 유쾌하기를 기대하며 공들여 뒷바라지했지만
자신의 삶을 고집하는 것조차 나를 닮아있다

창살 없는 감옥

물이 바다 덮음같이
코로나19의 확산이 세상에 창궐하니
코로나19의 공포가 세상을 덮었다
결국 세상은 창살 없는 감옥이 되었다

코로나19의 마법은
글로벌 경제의 바닥을 치고
겨울왕국 엘사의 얼음 마법처럼
세상을 우울과 죽음으로 몰아가고 있다

백신 없이는
올림픽도 없고 여행은 꿈도 꿀 수 없는 세상
교실도 운동장도 자유로울 수 없는 세상
바이러스보다 공포가 더 무서운 세상

확진, 공적 마스크, 사회적 거리 두기, 자가 격리
신종 언어로 감옥을 만든다

코로나19 막차

내일이면
코로나19 방역 지침을 해제한다는
뉴스를 들으며
자가 진단 키트의 두 줄을 확인했다

인후통으로
근육통으로
오한으로
숨이 넘어갈 만큼의 열감으로
코로나19 막차를 탔다

지난 2년 1개월 동안
기침 한 번에 수많은 사람들의 눈치를 살펴야 했고
그렇게 의심의 눈초리로
타인을 외면하고 피하고
마스크 한 번 벗지 못하고
늘 불안해하며 조심했던 일
도루묵이 되었다

거리 두기

코로나19가 낳은 신조어
거리 두기에는 가족도 예외가 없다

남편은 혼술
자식은 혼컴
나는 혼밥

사람[시]은 서로 부대끼며 기대고 살아야 한다는데
그럼 모이자
단체 카톡방으로

가족 단톡방
친구 단톡방
직장 단톡방

온종일 카톡카톡
화장실에서도 카톡카톡

카톡카톡
카톡카톡

살아 있다는 것은

들어내고 비우고
털어내고 쓸어내도
돌아서면
주섬주섬 담고 있는 손

잊어버리고 지워버리고
떨쳐내고 정리해도
뒤돌아보게 되는 집착

던져버리고 내려놓고
끝없이 나누어도
금세 채우고 싶어지는 욕심

애써 고개 끄덕여본다
이 모든 것들이
인간다운 것이고
삶의 증거라고

특이 질환

심한 통증과 신경질 증상을 동반하며
마음으로부터 시작되는 질병

한시적이긴 하지만
일 년에 두어 번씩 재발하는 것이
명절 전후에만 나타나는 증상으로
대물림하기도 한다

창窓이고 싶다

사찰의 창호는 소통이다
세상과 열반 세계의 통로
과거의 흔적을 닫아 미래를 열어가는 창
채광과 비를 견디며
수천 년을 뒤틀림 없이 버틴 것 또한
열반을 위함이다

내가 그런 창이고 싶다
수백 년은 아닐지라도
내 삶의 시간 속에서
갈등하는 나와 뭇사람들을 위한
영과 육의 통로
창窓이고 싶다

그날
―윤동주 시인을 기리며

어느 피 끓는 청춘의 가슴 깊숙이
별을 노래하는 따뜻함이 있었기에
우리 민족이 누려왔던 광복의 환희

무시로 가슴 뜨끔거리는 일들 외면하고
육체의 고통 따위 조국 위해 불사르며
하늘을 우러러 한 점 부끄럼 없었던 시인의 삶

그 삶이 거울 되어
아직은 우리 것이라 생각하는 것들을
귀히 여겨 지켜올 수 있었다만

조국의 해방을 꿈꾸어왔던
윤동주 시인의 의연하고 반듯했던 그 마음
국정 농단 밝히려는 촛불 속에서 찾을 수 있을까?
내 나라 우리글도 쓰지 못하는 민족의 아픔을
서러워했던 임의 모습
거리로 나선 태극기 행렬 속에서 만나볼 수 있을까?

이제
촛불 속 뜨거운 외침으로 그날을 새겨 보자
민족의 별이 되어버린 임의 모습
휘날리는 태극기 물결 위로 그려 보자

오지랖

　내 삶의 멘토 예수 그리스도
　누군가 오 리를 같이 가달라고 하면 십 리를 동행하라는 그분의 말씀 따르다가 지각할 뻔했고, 오른쪽 뺨을 때리면 왼쪽 뺨까지 내미는 아량을 보이고 겉옷을 달라고 하면 속옷까지 주라는 멘토의 삶 따르다가 오지랖 떨지 말고 너나 잘하라는 조언도 들었다. 세상 죄를 다 짊어질 정도로 인류애를 실천한 멘토만큼은 못 되더라도 내 살아온 날들을 통해 그분의 삶을 이해할 수는 있겠다. 오지랖 떠는 것도 즐겁고 보람이 있으니 말이다

칼의 노래

역전에 역전을 거듭하며
땀과 눈물로 범벅이 된 얼굴로
조국과 동료들에게 동메달을 바친 한 소녀*

칼을 높이 들어 파리의 하늘을 울리고
포효하는 펜싱 선수 하를란

"우크라이나 사랑하는 나의 조국
이건 당신을 위한 것입니다."라며
무릎 꿇어 오열할 때
관중들도 함께 눈물 흘리며 기립 박수를 쳤다

기립 박수 그것은
러시아의 침공으로 887일째 전쟁 중인
우크라이나의 전쟁 종식을 요구하는
평화의 메시지였다

*2024 파리 올림픽

더 늦지 않게

듣기는 속히 하고
말하기는 더디 하며
소리를 낮추고 성내기도 더디 하라
귀 아프도록 들었지만
이미 육십 년 넘게 엇길 걸었다

남을 판단하지 말고
과거에 집착하지 말자고
철들면서부터 마음에 새겼어도
내 자랑과 남의 말 하는 재미로 살았다

꿈을 가지고
도전하는 삶을 살려고 다짐했는데
남의 꿈을 내 꿈인 양 헛꿈만 꾸었다

인생 짧다기에
다 산 줄 알고 가는 날 기다리면 될 줄 알았더니
고무줄보다 더 늘어나는 생명줄이라

지난 삶 비추어 찾은 꿈
더 늦지 않게 그 길 걸으며
이제부터라도
듣기는 속히 하며, 더디 말하고,
성내지 않고, 남을 판단하지 않는
그런 삶을 살아 보련다

날마다 감사

새벽을 열어 조물주 하나님과 마주하는 시간
여기 이 자리에 무릎 꿇게 함이 감사함이라

분노와 좌절은 던져버리게 하시고
욕심을 내려놓게 비워주심도
걱정과 근심을 나누어 짊어지심도
육체의 고통도 어루만져 주심에
두 손 모으고

이웃의 아픔에
내 가슴도 아프게 하시며
옆 사람이 흘리는 눈물을
닦아줄 수 있는 마음을 주심에
머리 숙이며

친척의 잘됨이 나의 일처럼 여기게 하시고
동료의 높아짐이 내 위상이 된 것같이
함께 기뻐하는 용기 주심에 힘입으며
나를 나 되게 하심이 감사함이라

해설 언어의 여행, 시가 태어나고 시가 머무는 경계

| 해설 |

언어의 여행,
시가 태어나고 시가 머무는 경계

권오휘(시인, 문학평론가)

 시는 자연과 인간의 삶을 밀접하게 엮는 은유의 그물로 가득 차 있다.

들어가며

 박윤희 시인의 시에는 과거와 현재, 그리고 미래가 시·공간을 넘나들며 유기적으로 공존한다. 그는 일상 속에서 무심히 지나칠 수 있는 사소한 순간들을 예민하게 포착해 시적 언어로 전환하는 탁월한 감각을 지녔다. 이러한 감수성은 그의 전 작품에 걸쳐 일관되게 드러나며, 시인의 시선이 머무는 곳마다 삶의 새로운 의미가 발현된다.
 문학의 여러 장르 중 시는 가장 농축된 형태로 인간의 사유와 감정을 담아낸다. 박윤희 시인은 이러한 시의 본질에 충실하면서도, 대상과의 적절한 거리감을 유지하며 섬세한 미적 긴장을 형성한다. 그의 시는 언어의 밀도와 여백 사이에서 조율되는 정서와 사유의 미학을 보여주며, 독자는 그 고유한 시적 세계 속으로 자연스럽게 이끌린다.

이러한 시인의 시적 태도는 시집 『콧구멍 카페』에서도 유감없이 발휘된다. 제1부 '콧구멍 카페', 제2부 '발길 닿는 대로', 제3부 '기도', 제4부 '아방가르드'로 구성된 이 시집은 각 부가 독립적인 주제를 담고 있으면서도 전체적으로 하나의 유기적인 구조를 이룬다. 정교하게 짜인 구성은 마치 정제된 건축물처럼 치밀하며, 시인의 내면세계와 시적 사유의 흐름을 따라가기에 적절한 틀을 제공한다.

형식 면에서도 시집은 풍부한 변주를 보여준다. 일부 시는 전통적인 4행시의 틀을 따르며 운율과 리듬의 미학을 드러내고, 또 일부는 자유시 형식을 통해 감정을 보다 직설적이고 솔직하게 전달한다. 이러한 형식적 다양성은 각 시의 주제나 정서에 따라 유기적으로 조화를 이루며, 독자로 하여금 감정의 흐름을 따라 자연스럽게 시 속으로 몰입하게 만든다. 특히, 강렬한 감정을 담은 시편들에서는 짧은 문장과 반복적인 구문이 긴박감을 자아내며, 독자가 시인의 내면에 깊이 공감하도록 돕는다.

내용적 측면에서도 시집은 주제별로 정돈되어 있어, 특정한 감정이나 경험을 중심으로 시를 탐색하기에 용이하다. 각 부는 고요함에서 격정으로, 연민에서 희망으로 이어지는 다양한 정서의 스펙트럼을 제시하며, 독자는 이를 따라가며 감정의 여정을 자연스럽게 경험하게 된다. 이러한 구성은 시인의 메시지를 효과적으로 전달함과 동시에 몰입감을 한층 높여준다.

1.

박윤희 시인의 시선은 마치 주변을 부드럽게 감싸 안는 따뜻한 빛과 같다. 그는 존재하는 모든 대상을 다정하게 바라보며, 그 하나하나에 깊은 애정과 존중을 담아낸다. 그의 시는 이러한 섬세하고 따뜻한 시선을 통과하면서, 일상의 사물과 순간들이 새로운 의미로 다시 태어난다. 그렇게 재해석된 세계는 이전보다 더욱 소중하고 성스럽게 다가오며, 조용히 우리의 곁에 머문다.

  콧구멍만 한 여섯 평 농막에
  카페를 열었다

  손바닥 그늘에 앉아
  바람 한 잔 마시고
  밭갈이로 흘린 땀방울에
  풍년을 꿈꾸는 곳

제비꽃 한 송이에도
벌, 나비 떼가 북적거린다

콧구멍 한 번 벌렁거리면
온 세상이 내 것이 되는 곳

오늘은 뒷집 강아지랑 야옹이가
손님으로 앉았다

「콧구멍 카페」 전문

「콧구멍 카페」는 제목에서부터 한정된 공간 속에서 펼쳐지는 삶의 소소한 일상을 떠올리게 한다. 이 작품은 작고 소박한 순간들 속에 숨겨진 삶의 가치와 따뜻함을 조명하며, 일상에 깃든 풍요로움을 섬세하게 그려낸다. 작품 속 농막 카페는 단순한 휴식처를 넘어, 소박하지만 충만한 삶을 꿈꾸고 실천하는 장소로 묘사된다.

특히 '콧구멍'이라는 표현은 일상의 협소한 시야처럼 보일 수 있는 공간도 시선의 방향에 따라 무한히 확장될 수 있음을 상징적으로 드러낸다. 작가는 손바닥만 한 그늘 아래에서 바람을 마시고, 땀방울 속에 풍년을 꿈꾸는 모습을 통해, 작고 일상적인 것들 속에서 진정한 행복을 발견하는 법을 보여준다.

비록 작은 공간이지만, 그 안에서는 바람과 땀, 제비꽃과 벌, 나비 등이 어우러지며 일상 속 작은 기적들이 탄생한다. 이 공간은 시인이 삶을 새롭게 창조해내는 무대가 되며, 마지막에 등장하는 강아지와 고양이는 이 공간의 일상성과 생명력을 더욱 강화한다. 그렇게 모든 존재가 함께 어우러지는 조화로운 세계가 시를 통해 완성된다.

    하늘 향해 온몸으로
    나팔을 불며 사랑을 외쳐대는
    주황하늘말나리꽃의 사랑 노래에
    온화한 미소만 지을 뿐
    한 장의 꽃잎도 흔들림 없던
    청보라 산수국

    떼 지어 춤추는 보랏빛 나비한테
    꽃잎 마디마디
    곁을 내주고 말았다

    누군가
    초록은 동색이라고도 하고
    사랑은 움직이는 것이라 했지

    나비 떼 둘러친 우아한 자태에
    하늘을 받쳐 든 바다조차
    청보라 산수국 꽃잎 사랑에
    쪽빛으로 물들었다
                                            「청보라 산수국」 전문

대상에 대한 깊은 사랑과 아름다움을 담은 박 시인의 작품은 독자에게 훈훈함 감동과 평온한 여운을 준다. 시인은 자신이 바라보는 대상과의 교감을 통해 끊임없이 성장하며 세상을 이해한다. 특히 이 시에서는 자연을 향한 시인의 애정 어린 시선이 탁월하게 표현되어 있다. 시를 따라가다 보면 독자는 계절의 흐름과 나비가 꽃잎을 스치는 감각적 묘사를 통해 관계의 소중함과 사랑의 고귀함에 대해 이해하게 된다. "사랑은 움직이는 것"이라는 구절은 영원한 아름다움 속에서도 끊임없이 변화하고 살아 숨쉬는 사랑의 본질을 은유적으로 잘 묘사해 놓았다.

한편, 「청보라 산수국」과 「꽃무릇」은 사랑의 본질뿐 아니라 그리움과 애틋한 감정을 섬세하고 깊이 있게 다룬다. 사랑은 변하지 않는 가치이고 감정임에도 불구하고, 그 속에는 기다림과 서러움이 공존한다는 사실을 시인은 부드럽게 각인시킨다. 이를 통해 작가는 사랑의 본질과 그 감정이 인간의 삶과 존재에 어떤 영향을 미치는지 깊이 있게 성찰하며 독자에게 서사적인 감동을 전하고 있다. 다음 시를 보자.

>하얀 싸리꽃이 몽실몽실 피어오르고,
>노란 수선화랑 보랏빛 붓꽃이 줄지어 웃어주는 날
>길 따라 걷다 보면
>발목을 간지럽히는 패랭이꽃들의 향연을 만난다
>
>키 작아도 무시할 수 없는 뭉클함에

저절로 고개 숙여 몸을 낮추게 되는 나를 본다

그저 내 눈높이로만 보려던 세상이 미워
먼 산을 흘겨보던 때가 생각나서
패랭이 꽃잎에 찔끔거리며 눈물을 떨군다

바람이 덜 타서 꽃잎의 흔들림이 적은 곳
낮은 곳에서 나를 찾는다
　　　　　　　　　　　「낮은 곳으로」 전문

　시가 노래하는 것은 대자연의 아름다움과, 시인이 스스로 구축한 기억의 그물망이다. 이 기억은 '세계−대상−기억−존재'로 이어지는 순환 구조 속에서 작동하며, 현실과 믿음 사이의 경계를 끊임없이 넘나들며 다양한 감정의 스펙트럼을 형성한다.

　그의 작품 세계에는 믿음, 환상, 혹은 일상의 평범한 언어 속에서도 언제나 자아를 인식하는 주체가 자리하고 있으며, 이는 시인 본연의 모습이 시를 통해 끊임없이 드러나는 이유이기도 하다. 작가는 특히 낮은 곳에서 발견되는 세상의 아름다움에 주목한다. 작은 꽃이 전하는 뭉클한 감동은 우리가 일상 속에서 쉽게 지나칠 수 있는 소소한 아름다움을 상징하며, 이를 통해 독자에게 겸손과 존중의 가치를 조용히 일깨운다. 결국 이 시는 자연의 아름다움과 인간의 감정을 섬세하게 엮어내며, 일상 속에서 마주하는 다양한 감정과 삶의 의미를 새롭게 구성해 아름답게 그려낸다.

> 씨 뿌리지 않아도
> 무리 지어 싹 틔우고
> 물 주어 가꾸지 않아도
> 푸르름이 더해지는
>
> 무심한 발자국이 짓밟아도
> 그 발자국 지나기 전에
> 먼저 일어설 줄 알고
> 궁핍함 속에서도
> 꽃으로 피어나
> 그 삶
> 승화시킬 줄 아는
> 잡초
>
> 본래
> 너는 삶의 근본이었다
> 　　　　　　　　　　「잡초」 전문

언어는 다양한 이미지를 형성하는 도구로 작용한다.

시 「잡초」는 역경 속에서도 스스로 자라나는 잡초의 강인함을 통해 삶의 지속성과 회복력을 환기시킨다. "씨 뿌리지 않아도 / 무리 지어 싹 틔우고"라는 구절은 무관심한 환경 속에서도 스스로 생명을 이어가는 잡초의 끈기를 보여주며, 동시에 시련 속에서도 희망을 잃지 말라는 메시지를 전한다.

이 시는 단지 자연에 대한 묘사를 넘어, 삶의 근원적 의미를 되새기게 한다. 무심한 일상 속에서도 피어나는 잡초의 생명력은 인간 존재의 의지와 연결되며, 그 자체로 삶의 진정한 아름다움을 상징한다. 작가는 잡초를 통해 우리가 쉽게 지나치는 것들 속에 오히려 더 깊고 소중한 가치가 담겨 있음을 조용히 일깨워준다.

> 툇마루에 널린 대추 말리는 데
> 가을 햇살 한 움큼이면
> 족하다
>
> 처마에 매달린 곶감 말리는 데도
> 가을 햇살 한 움큼이면
> 그만이다
>
> 담장 위에 걸터앉은 누런 호박 덩이도
> 가을 햇살 한 움큼에
> 이제
> 다 익었단다
>
> 들판이며 산골 깊은 골짜기까지

이마에 땀이 송글송글 맺히도록
햇살을 퍼 나르느라
가을은
흰 구름 한 점과 노닥거리지도 못했다

그래도
부지런한 햇살 덕분에
올가을도 풍성하다
가을 햇살 한 움큼 덕분에
추수하는 어머니 허리도
곧게 세워진다
「가을 햇살 한 움큼」 전문

  시인에게 새로운 세계를 찾는 일은 곧 자신을 비워내는 과정과 맞닿아 있다. 이는 삶의 일상과 깊이 연결되어 있으며, 시인은 일상의 소소한 순간들 속에서 소중하고, 부드럽게, 그리고 가장 섬세한 시선으로 대상을 포착한다. 그 대상에 자신의 삶을 투영해 묘사하는 과정은 곧 내면의 번민과 걱정을 덜어내는 비움의 여정으로 이어진다. 시를 쓰는 행위는 그 자체로 자신을 정화하고 치유하는 과정인 것이다.

  이 시는 가을의 풍요로움과 햇살의 중요성을 강조하며, 자연의 변화와 수확의 기쁨을 묘사하고 있다. "가을 햇살 한 움큼"이라는 반복적인 표현을 통해 대추와 곶감을 말리는 모습, 그리고 담장 위의 호박 덩이를 통해 가을의 정취를 생생하게 전달하는 능력이 뛰어나다. 이러한 이미지는 가을 수확의 아름다움과 그 과정에서 느껴지는 따뜻함을 잘 그려내고 있다.

또한, "이마에 땀이 송글송글 맺히도록 / 햇살을 퍼 나르느라"라는 구절은 가을의 일손이 힘들고 고된 과정을 보여주면서도, 그 노력의 결실이 풍성함으로 이어진다는 긍정적인 메시지를 담고 있다. 어머니의 허리가 곧게 세워지는 모습은 수확의 기쁨과 자부심을 상징하며, 가을 햇살의 소중함을 다시 한 번 일깨워 준다. 또 다른 작품을 보자.

천막 지주 끝에
청개구리 육 남매 오수가 한창이다

바람 솔솔 불어주는
사방이 탁 트인 곳에
널찍하니 방 하나씩 차지하고
집주인 헛기침에 꿈쩍도 않는다

담장 없이 드나들 수 있게 해주었더니
박힌 돌을 빼려드는 심산이다

'이 화상들 깨워, 말어?'

그늘막 펼치려던 주인장

이러지도 저러지도 못하고
땡볕에서 입맛만 다신다

「깨워, 말어?」 전문

하나의 사물을 지시하는 언어가 또 다른 사물을 지시하는 언어로 확장됨으로써, 독자는 다양한 사물 간의 연관성과 관계를 이해하는 데 도움을 받게 된다.

이 시는 청개구리 육 남매와 그들을 둘러싼 환경을 통해 자연과 인간 사이의 갈등을 상징적으로 표현하고 있다. 시의 초반부에서는 천막 지주 끝에서 자유롭게 노는 청개구리들의 모습이 생동감 있게 그려지며, 바람이 솔솔 부는 널찍한 공간은 그들의 천진난만함을 더욱 부각시킨다. 이러한 이미지들은 자연 속에서 살아가는 존재들의 자유롭고 순수한 삶을 상징하며, 독자로 하여금 마치 청개구리들과 함께 그 공간에 있는 듯한 생생한 감각을 불러일으킨다.

후반부에서는 주인과 청개구리 사이의 갈등이 유쾌하게 그려지며, 인간과 자연의 관계를 상징적으로 드러낸다. 주인은 청개구리들을 쫓아내려 하지만, 청개구리들은 꿈쩍도 하지 않고 오히려 담장 없이 드나들며 상황을 더욱 어지럽힌다. 이 장면은 인간이 질서를 세우려는 의도와 자연이 본래 지닌 자유롭고 억제되지 않는 생명력 사이의 충돌을 보여주며, 두 존재 간의 긴장 관계를 입체적으로 형상화한다.

2.

시문학은 인간의 사상과 감정을 언어로 형상화하는 예술이다. 시는 작가가 전달하고자 하는 주제와 형식을 갖추어 하나의 완결된 구조를 지향하며, 때로는 상상과 재구성을 바탕으로 현실과는 다른 세계를 창조하기도 한다. 이처럼 통일성과 구성미를 지닌 가상의 세계는 독자에게 익숙하면서도 신선한 의미를 전달한다. 시 작품은 종종 현실을 배경으로 하지만, 그것이 반드시 현실을 그대로 반영하는 것은 아니다. 오히려 현실을 변형하고 재해석함으로써 더 깊은 진실이나 보편적인 가치를 드러내는 역할을 한다. 또한 시문학은 작가의 기억과 경험을 바탕으로 세계를 자신만의 시각으로 해석하고, 그 안에 새로운 의미를 부여하는 창조의 과정이다. 이러한 과정 속에서 시는 긍정과 부정을 넘나들며, 때로는 자기 동일성을 상실한 비합리적 허구로 재구성되기도 한다. 이를 통해 시는 단순한 현실의 모사에 머무르지 않고, 새로운 사유와 감정의 지평을 확장해 나간다.

그의 시는 고요히 흐르는 내면의 정서를 섬세하게 포착하며, 이러한 감성을 이해하고 공감하도록 독자를 이끈다. 시인은 대상을 끊임없이 통찰하고, 그 속에 의미를 부여하며, 나아가 그 의미와 새로운 관계를 형성해 나간다. 이 반복적이고도 깊이 있는 사유의 중심에는 '사랑'이라는 본질적인 감정이 자리하고 있다.

 그렇기 때문에 그의 시 세계에서는 관심과 무관심, 비관과 낙관이 때로는 나란히 놓이며 긴장을 형성한다. 어느 한쪽으로 기울고 싶은 충동이 생기기도 하지만, 이러한 미묘한 균형과 내적 긴장감은 시의 깊이를 더하는 요소로 작용한다. 복잡한 감정 속에서도 드러나는 투명함은 독자에게 잔잔한 감동을 전하며, 그 안에서 문학이 지닌 본질적인 힘을 다시금 체감하게 한다.

깊은 골짜기 오지 마을만 다니는
0번 버스
글 모르고 기억도 가물가물한 할매들
알아보기 쉽고 기억하기 좋게 붙여진 0번
애칭은 할매 버스

장날이면 마을 사랑방이 되는 0번
승객 없이 봇짐만 가득할 때가 더 많다
그래도 마을마다 버스 문이 열리고
틀림없이 물건을 내려주는 0번

돌부리에 채고 나뭇가지에 긁혀도
일편단심 할매 사랑으로
구불텅거리는 아픔을 감내하는 0번

늦어도 괜찮으니 오기만 하면 된다며
오매불망 기다리는 할매들 태우러
오늘도 달려가는 0번 버스

「0번 버스」 전문

    이 시는 '버스'라는 매개를 통해 사회와 그 안에서의 인간관계를 따뜻하고 깊이 있게 탐구한다. "깊은 골짜기 오지 마을만 다니는 / 0번 버스"라는 서두는 이 버스가 단순한 교통수단이 아닌, 마을 사람들의 일상과 밀접하게 연결된 삶의 일부임을 암시한다. 이어지는 "애칭은 할매 버스"라는 표현은 특히 할머니들에게 사랑받는 이 버스의 친근함을 드러내며, 공동체 속 정감 어린 분위기를 자연스럽게 전달한다.

    시의 전개에서 "장날이면 마을 사랑방이 되는 0번"이라는 구절은 버스가 단순히 사람을 실어 나르는 수단을 넘어, 마을 사람들의 소통과 유대가 이루어지는 공간임을 보여준다. 때로는 승객은 없이 봇짐만 가득 실려 있을 때도 있지만, 각 마을에 물건을 내려놓는 버스의 모습은 이 차량이 마을과 마을을 잇는 생명의 끈, 곧 공동체의 연결 고리 역할을 하고 있음을 잘 보여준다. 이처럼 이 시는 0번 버스를 통해 공동체의 온기와 인간 사이의 따뜻한 정서를 담담하게 풀어내며, 일상 속에서 쉽게 지나칠 수 있는 사랑과 배려, 그리고 지지의 의미를 다시금 일깨워 주는 작품이다. 또 다음 시를 보자.

쪽빛 파도 길에서
어머니를 만났다

바다였던 어머니 마음이
철썩거린다

세파에 부서지는 물보라 속에서도
나를 담금질하시던 어머니

셀 수 없을 만큼 부딪치고 부서져서
요만큼이라도 단단해졌다만
얼마만큼
더 부서지고 더 참아내야
바다였던 어머니 될 수 있을까

블루로드를 걸으며
어머니의 깊은 마음 헤아려 본다
「블루로드를 걸으며」 전문

  이 시는 '블루로드'라는 공간을 배경으로 어머니와의 감정적 연결을 예술적으로 풀어낸 작품이다. "쪽빛 파도 길에서 / 어머니를 만났다"는 첫 구절은 바다의 이미지와 어머니의 존재를 겹쳐 놓으며, 어머니가 마치 자연의 일부인 듯한 인상을 준다.

  "바다였던 어머니 마음이 / 철썩거린다"는 고요하게만

보였던 어머니의 마음이 고통과 슬픔으로 요동친다는 사실을 암시하고, "세파에 부서지는 물보라 속에서도 / 나를 담금질하시던 어머니"는 어떤 역경 속에서도 자식을 위해 헌신했던 어머니의 모습을 강렬하게 그려낸다. 또한 "셀 수 없을 만큼 부딪치고 부서져서 / 요만큼이라도 단단해졌다"는 구절은 그 헌신과 고난 속에서 자신이 조금씩 성장해 온 과정을 되돌아보게 하며, 그 배경에는 늘 어머니의 사랑과 희생이 있었음을 느끼게 한다.

마지막에 등장하는 "얼마만큼 / 더 부서지고 더 참아내야 / 바다였던 어머니 될 수 있을까"라는 질문은 어머니의 고통을 헤아리려는 깊은 성찰을 담고 있으며, 동시에 어머니에 대한 애틋한 마음과 안타까움을 절절하게 전한다. 이 시는 어머니의 마음을 바다라는 상징적 공간 속에 녹여내며, 사랑과 희생의 의미를 다시금 되새기게 하는 울림 있는 작품이라 할 수 있다.

> 2일 7일은 선산 장날
> 다른 약속을 잡지 않는다
> 한 번이라도 건너뛰면
> 다음 장날을 기다리기엔 너무 멀다
>
> 별로 살 것도 없으면서
> 장날마다 장마당 구석구석 살피고
> 늘 보이던 장꾼이 안보이면

괜히 걱정되어
옆에 앉은 노점 할매한테 안부를 물어보기도 한다

선산장은 없는 게 없다
별의별 야채 모종에 과일나무 묘목들
철철이 바뀌는 옷이며 과일들
중국산이 버젓이 고개 디밀고 있어도
내 눈엔 모두가 신토불이 그 자체다

오늘 점심은 장터국밥
푹 삶은 우거지에 파 숭숭 썰어 넣은 국물
고기 몇 덩이 없어도 국물 맛이 그저 그만이다

한나절 지나면 물건이 동이 나는데도
사람은 더 많이 북적거린다
옛날엔 딸 소식 전해줄 사돈을 기다린다지만
아마도 장 구경 나온 사람이
더 많은가 보다

「장 구경」 전문

박 시인은 익숙한 것들 속에서 새로운 의미를 발견하며, 이를 긍정적으로 바라본다. 그는 변화가 태도의 전환에서 시작되고, 대상에 대한 사랑이 작은 관심에서 비롯된다고 말한다. 그러나 관계의 변화는 단순한 관심과 긍정만으로 이루어지지 않는다. 사람들은 평균적인 심리적 거리 속에서도 속물적인 상처를 받을 수 있으며, 때로는 타인의 시선이 그러한 상처를 주기도 한다. 심지어 가벼운 관계에서도 이러한 속성을 경험할 수 있다.

  이 시는 장날의 풍경을 통해 공동체의 따뜻함과 인간관계의 소중함을 섬세하게 그려낸다. "2일 7일은 선산 장날"이라는 첫 구절은 장날이 단순한 시장일을 넘어, 삶의 리듬을 형성하는 중요한 시간임을 강조하며, 그날만큼은 다른 약속을 미뤄둘 만큼의 결연한 마음가짐을 보여준다. 장날을 놓치고 나면 다음 장날까지의 시간이 유독 길게 느껴지기에, 그 하루가 더욱 특별하게 다가오는 것이다.
  장터에 펼쳐진 물건들과 오가는 사람들의 모습, 그리고 "별로 살 것도 없으면서"라는 표현은 단순한 소비를 넘어, 장터를 찾는 즐거움과 사람 간의 교류에서 오는 정서적 풍요로움을 드러낸다. 특히 평소 보던 장꾼이 보이지 않을 때 느끼는 걱정은 마을 사람들 간의 애정 어린 유대를 보여주며, 이곳에서 오가는 일상적인 인사가 얼마나 소중한지를 자연스럽게 전한다.
  이 시는 장날이라는 특별한 날을 통해 공동체 속에서 나누는 정과 인간관계의 가치를 다시 한 번 되새기게 하며, 소소한 일상 속에서 피어나는 진정한 행복을 따뜻하고 아름답게 표현하고 있다.

  순백의 세상

눈부신 태양의 부서짐도 하얀 자작나무 길

새하얀 껍질 하나로
영하 20도의 혹한을 버티며
북방의 이야기로 자작거리는
겨울 숲을 걷노라면
톨스토이의 명언이 들리고
닥터 지바고의 뮤즈인
라라의 잔잔한 미소가 보이기도 한다

개천에 빠진 벌거벗은 가을을 건져내면서도
그저 하늘만 바라보는 자작나무 숲은
타락과 타협을 모른다

정직을 욕하며 구시렁거리던 발걸음이
순백의 숲 한가운데서 주춤거린다
군더더기 없는 자작나무의 뻗어 오름에
끝없던 욕망이 산산이 부서진다
「자작나무 길」 전문

  문학의 한 장르인 시는 시인의 독자적인 정신성을 표출하는 동시에, 이를 형상화하는 독특한 언어적 방식을 지닌다. 시인은 예술 정신을 시 정신과 동일시하며, 대상을 상징적 형상으로 바라보고 이를 바탕으로 자신만의 창작 활동을 전개한다.

이 시는 자작나무 숲을 배경으로, 순수함과 정직함에 대한 시인의 깊은 내면 성찰을 섬세하게 그려낸다. 눈부신 햇살 아래 펼쳐진 "순백의 세상"은 자작나무의 청정한 이미지를 통해 정화된 공간을 암시하며, 그 고요한 풍경 속에서 독자는 자연이 전하는 언어 없는 메시지에 귀 기울이게 된다. 자작나무가 "새하얀 껍질 하나로 / 영하 20도의 혹한을 버티며" 살아가는 모습은 단순한 식물의 생명력을 넘어, 침묵 속에서도 꿋꿋이 존재하는 강인함과 절제된 아름다움을 상징한다.

　이 숲은 시인에게 단지 자연의 배경이 아니라, 삶의 본질을 비추는 거울로 작용한다. 톨스토이의 명언과 「닥터 지바고」의 라라를 언급하며 자작나무의 정적인 아름다움을 문학적 이미지와 연결시키는 대목은, 자연이 인간 감정과 기억의 저장소가 될 수 있음을 보여준다. 이러한 연결은 자작나무 숲을 단순한 자연의 장소가 아닌, 감성과 사유가 교차하는 상징적 공간으로 격상시킨다.

　한편, "개천에 빠진 벌거벗은 가을"이라는 표현은 자연의 순환 속에서 드러나는 덧없음을 암시하고, 동시에 인간의 삶 역시 그 흐름 안에 놓여 있음을 시사한다. 그러나 자작나무 숲은 그러한 허무를 담담히 견뎌내는 공간이며, "타락과 타협을 모른다"는 구절은 세속적 욕망과 거리를 둔 본연의 순수함을 강하게 부각시킨다. 현실에 대한 불만이 드러나는 "정직을 욕하며 구시렁거리던 발걸음"은 인간 내면의 혼란과 갈등을 암시하며, 그런 혼탁함 속에서 숲 한가운데 멈춰 선 화자의 모습은 정직함과 순수에 대한 갈망을 상징적으로 드러낸다.

마지막에 이르러, "군더더기 없는 자작나무의 뻗어 오름에 / 끝없던 욕망이 산산이 부서진다"는 구절은 절제된 자연의 미가 인간의 욕망을 꺾는 강한 이미지로 다가온다. 이처럼 시인은 자작나무 숲이라는 절제된 자연의 공간을 통해 인간의 내면을 정화하고, 우리가 잃어버린 정직함과 진정성의 가치를 다시금 일깨운다. 자연과 인간의 내면이 교차하는 이 시는, 조용하지만 깊은 울림으로 독자에게 다가온다.

밤베르크는
밤새
커피 담은 찻잔을 들고
바다를 그린다

커피가 그려낸 바다

그 바다가 그리워
나도
갯내음을 따라
바다를 그린다

「바다 그리다」 전문

시는 작가가 경험을 통해 현실을 어떻게 인식하고 해석하는지를 반영하며, 이를 시의 예술성과 연결 짓는다. 따라서 시인의 실제적이고 정서적 경험은 시 창작의 중요한 원천이 된다. 특히, 대상에 대한 결핍이나 좌절과 같은 감정적 경험이 시적 영감으로 작용할 수 있다.

시는 바다에 대한 그리움과 '그리기'라는 행위를 통해 내면의 감정을 섬세하게 풀어낸다. "밤베르크는 / 밤새 / 커피 담은 찻잔을 들고 / 바다를 그린다"는 구절은 고요한 밤의 정적 속에서 이뤄지는 창작의 순간을 그리며, 커피라는 일상적인 사물이 시적 상상력을 통해 바다로 변모하는 장면을 인상 깊게 포착한다.

이어지는 "커피가 그려낸 바다"라는 표현은 단지 물리적인 바다가 아니라, 감정과 기억이 겹겹이 쌓여 형성된 내면의 바다를 상징한다. 이는 바다가 자연의 풍경을 넘어서, 개인의 고유한 기억과 정서가 투영된 감정의 공간임을 암시하며, 시의 중심 이미지로서 중요한 역할을 한다. 이처럼, 이 시는 바다를 '그리는' 행위를 통해 개인의 정서를 탐구하며, 일상 속에서 느끼는 그리움과 상상력을 아름답게 엮어낸다. 바다는 단순한 장소가 아니라, 기억과 감정이 서려 있는 특별한 공간임을 다시금 일깨워 준다.

3.

 문학의 생명력은 작가의 정신성이 작품의 형상화 방식과 일체를 이루면서 언어로 구축된다는 데 있다. 이러한 언어 형상화 방식은 단순한 표현 기법을 넘어, 작가가 세상을 바라보는 태도와 가치관을 반영하는 척도가 되기도 한다. 시인에게 있어 시의 형상화 방식은 단순히 습득하는 것이 아니라, 스스로 터득하고 내면화하는 과정에서 자연스럽게 형성된다. 이는 무의식적으로 발현되는 시작詩作 활동을 거쳐, 철저한 자기 정화 과정을 통해 더욱 깊이 있는 작품으로 거듭나게 된다. 시는 그 자체로 길을 찾으며, 한 경지에 도달하면 다시 새로운 경지를 탐구하게 된다. 이러한 경지에 이르면, 기교나 비유, 함축과 상징을 의식적으로 사용하지 않더라도, 자연스럽고 평범해 보이는 언어를 통해 대상과 본질을 풀어낼 수 있다. 이러한 자연스러움 속에 깊은 통찰이 담긴 작품들을 박 시인의 시에서 발견할 수 있다는 것은 독자들에게 큰 행운이라 할 수 있다.

> 햇살과 함께 화사함의 절정을 이루었던
> 꽃들의 향연
>
> 후두둑 떨어지는 꽃비에
> 괜히 눈물이 나

눈길 둘 데가 마땅찮다

백 년이 넘은 고목도
잠시 꽃을 피우고 또 내년을 기약하는데
날마다 오늘이 선물이라며
숨이 턱에 닿도록 달려온 삶
바스락거리는 빈 껍데기뿐이다

꽃비를 바라보는 마음 천근만근
나는 무엇으로 꽃을 피웠는가

꽃비가 내리는 어느 봄날
그래도 오늘이 선물이라며
숨 쉴 수 있음에 허공을 바라본다

「슬픈 봄날」 전문

   이 시는 다양한 인생의 단면들을 하나의 유기적인 흐름으로 엮어내며, 마치 완결된 이야기처럼 재구성하고 있다. 「슬픈 봄날」은 생명과 시간의 흐름 속에 깃든 고독을 섬세하게 포착하며, 존재의 본질에 대한 깊은 성찰을 이끌어낸다. 화사한 봄날과 만개한 꽃의 향연으로 시작되는 시는 겉으로는 아름다움을 노래하지만, 그 이면에 숨겨진 슬픔과 회한을 조용히 드러낸다. 동시에 봄은 여전히 생명력과 순환의 상징으로 묘사되며, 자연의 이중성을 효과적으로 담아낸다.

특히 "나는 무엇으로 꽃을 피웠는가"라는 물음은 존재의 본질을 되돌아보게 한다. 우리는 삶 속에서 어떤 흔적과 아름다움을 남겼는지, 그리고 그것이 사라진 뒤 무엇이 남는지를 성찰하게 만든다. 결국 이 시는 봄의 찬란함 속에 스며든 슬픔과 후회의 정서를 섬세하게 포착하면서도, 그 감정들을 딛고 삶의 의미를 다시 찾아가는 여정을 담고 있다. 꽃비가 흩날리는 순간, 독자는 잃어버린 것들을 되짚어보게 되며, 동시에 지금 이 순간의 소중함을 깨닫는 감정의 깊이를 경험하게 된다.

장대비가 며칠간 쉬지 않고 내려
참깨 숨통을 조여 놨다

꽃은 뚝뚝 떨어지고
잎은 시들시들
다리도 힘이 풀린 듯
급기야 드러눕기까지 했다

하루도 거르지 않고
발자국 소리 들려주고, 벌레도 잡아주고
잘 견뎌주어 고맙다며
칭찬으로 키웠는데

지루한 물폭탄에 지쳤나보다

동네 이장님 처방전 받아 들고
농약방에서
요리조리 섞어 주는 약을 받아
해거름 때
잎이며 꽃대 사이사이를 돌며
온 정성으로 약물을 입혔다

내 새끼 키울 때보다 더한 아림으로
밤새워 지켜보며 기원한다

한숨 푹 자고 깨어나길……
「깨어나라」 전문

  이 시는 거센 자연의 시련 속에서도 희망을 잃지 않으려는 인간의 모습을 따뜻하고 섬세하게 그려낸다. 장대비가 며칠씩 이어지는 상황은 단순한 자연현상을 넘어, 인간이 감당해야 하는 삶의 무게와 고통을 상징한다. "장대비가 며칠간 쉬지 않고 내려"라는 표현은 자연의 압도적인 힘을 드러내는 동시에, 그 아래에서 무력감에 휩싸인 인간의 고뇌를 절실하게 전달한다. 하지만 시인은 그 고통을 그저 비극으로 묘사하지 않고, 그 속에서도 생명을 향한 애정과 돌봄의 태도를 통해 삶의 의미를 되새긴다.
  비에 젖은 참깨는 생명을 위협받는 존재로 그려지며, "꽃은 뚝뚝 떨어지고 / 잎은 시들시들"한 상태는 자연이 주는 고통을 고스란히 드러낸다. 이어지는 "다리도 힘이 풀린 듯

/ 급기야 드러눕기까지 했다"는 묘사는 식물이 처한 절박한 상황을 생생하게 전하고, 독자로 하여금 그 고통에 자연스럽게 감정 이입하게 만든다. 장대비는 생명을 키우는 동시에 위협하기도 하는 자연의 양면성을 상징하며, 시인은 이 모순된 힘 앞에서 흔들리는 생명과 그것을 지키려는 인간의 노력을 절제된 언어로 힘 있게 형상화한다.

이장님의 처방전과 농약 사용은 자연 앞에 놓인 위기를 극복하기 위한 인간의 작은 실천을 상징하며, "요리조리 섞어 주는 약을 받아"라는 구절에서는 생명을 살리려는 농부의 간절함이 묻어난다. 특히 "내 새끼 키울 때보다 더한 아림으로"라는 표현은 단순한 농사 행위를 넘어, 생명을 돌보는 행위 자체에 깃든 깊은 정서와 책임감을 강하게 드러낸다. 농작물과 인간 사이에 맺어진 유대는 단순한 생산과 소비의 관계를 넘어선, 돌봄과 헌신의 감정으로 확장된다.

결국 이 시는 거대한 자연의 힘 앞에서 흔들리면서도, 끝내 포기하지 않고 생명을 지켜내려는 인간의 따뜻한 마음과 희망 의지를 정교하게 풀어낸다. 독자는 이 시를 통해 농부의 절절한 애정과 고통을 공감하게 되며, 인간과 자연이 맺고 있는 관계의 깊이와 의미를 다시금 성찰하게 된다. 삶의 고단함 속에서도 꺾이지 않는 사랑과 희망, 그리고 그것을 지탱하는 정서적 힘이 이 시의 가장 깊은 울림으로 다가온다.

태풍이 온다고 삼발이로 묶은 채
창고에 들여놓았던 참깨
가을볕에 널었다

따닥따닥
참깨 주머니 열리는 소리가 요란해서
해거름 때 떨었더니
마당 가득 깨가 쏟아진다

집 안에서는
추석 명절이라며
자식에 손주들까지 복닥거리고
손주들 재롱 놀음에
온 식구가 박장대소하니
방 안 가득 깨가 쏟아진다

밖에서도 안에서도
깨가 쏟아지고
담장 넘어가는 웃음소리로
깨를 볶으니
손주들 똥 기저귀 속에서조차
참기름 냄새가 솔솔 난다

날마다 깨가 쏟아지면 좋겠다
때마다 깨를 볶으면 더 좋겠다

「깨가 쏟아진다」 전문

작가는 때로 대상에 감정을 이입하고, 때로는 이를 객관화하며 서사를 전개해 나간다. 이러한 반복적인 과정은 독자가 작품에 다가갈 수 있도록 돕는 역할을 한다. 이를 통해 형성되는 것이 작가와 독자 사이의 미적 거리라 할 수 있다. 이 미적 거리는 단순한 정서적 거리감이 아니라, 사회적 체험을 바탕으로 형성되며, 이를 객관화하는 과정을 거쳐 더욱 유기적이고 인과론적인 관계로 발전해 나간다. 결국, 작가의 작품 속에서 감성과 객관성이 조화를 이루며, 독자는 이를 통해 깊이 있는 이해와 미적 체험을 하게 된다.

 이 시는 일상의 소중함과 가족 간의 따뜻한 행복을 잔잔하게 그려낸다. 참깨 수확의 기쁨과 손주들의 웃음소리는 평범한 순간 속에 깃든 작지만 깊은 행복을 강조하며, 이러한 일상이야말로 삶을 더욱 풍요롭게 만든다는 메시지를 자연스럽게 전한다.
 특히 가족과 함께하는 소중한 시간을 통해 행복의 본질을 탐구하며, "따닥따닥 / 참깨 주머니 열리는 소리"는 수확의 즐거움을 생생하게 전달해 독자가 그 현장에 함께 있는 듯한 감각을 느끼게 한다. 웃고 떠드는 가족의 모습은 평범한 일상 속에 숨겨진 진정한 가치와 따뜻함을 일깨우며, 그 감정은 독자의 마음에도 깊은 울림을 남긴다. 작가에게 참깨는 단순한 농작물이 아니라, 삶의 기쁨과 가족의 사랑을 상징하는 존재로 다가온다. 시를 통해 독자는 일상 속에서 발견되는 소소한 행복의 의미를 다시금 되새기며, 함께 하는 순간이야말로 가장 소중한 시간임을 깨닫게 된다.

물기 머금고 햇살에 비칠 적
아름다웠던 그 모습 간데없다
천길만길 낭떠러지에
떨어지고 곤두박질친 탓일까
부서지는 잎새 사이로
바스락 거리는 소리만 요란하다

바스락바스락
귀에 익은 소리
언제부터인지
내 온몸에서 나는 그 소리인 것을

애틋함을 보고도
눈물이 흐르지 않았고
맛있는 음식을 앞에 두고도
침이 고이지 않을 때부터였을지도 모른다

아름다운 가을에 취해
바스락거리며 부서져
결국에는
가루가 되고 사라질 것을 잊고 있었다

움트는 새싹의 설렘과

찬란한 태양을 마주하던 기쁨에
바스락 소리조차도 잊고 있었다

「낙엽」 전문

 이 시는 낙엽의 고독한 아름다움을 통해 상실과 그리움의 감정을 섬세하게 그려낸다. "아름다웠던 그 모습 간데없다"라는 구절은 사라진 과거에 대한 애틋함을 담담히 드러내며, 독자로 하여금 자연스럽게 슬픔과 회한에 젖게 만든다. 시는 리듬감 있게 전개되며, "바스락 바스락"이라는 반복적 표현은 낙엽이 부서지는 소리를 생생하게 떠올리게 함으로써, 감각적인 몰입감을 높인다. 이러한 형식적 장치는 감정의 흐름을 더욱 또렷하게 전달하며, 독자의 감정 이입을 강화한다.

 특히 "아름다운 가을에 취해 / 바스락거리며 부서져 / 결국에는 / 가루가 되고 사라질 것을 잊고 있었다"는 구절은 깊은 인상을 남긴다. 이는 낙엽을 매개로 삶의 순환과 덧없음을 암시하면서, 인간 존재의 유한성과 그 안에 내재된 고독을 되새기게 한다. 독자는 자연의 변화 속에서 자신을 투영하게 되고, 지나간 아름다움과 감정들을 다시 붙잡고 싶다는 내면의 갈망과 마주하게 된다. 시는 자연의 섬세한 묘사를 통해 인간의 정서를 깊이 있게 반추하게 하는 작품이라 할 수 있다.

누구는
가을에 물들었다 하고
누구는
시에 젖는다 해서
'별것도 아닌 것에 뭘 그러는지' 했는데

음악이 흐르는 물 위를 걸으며
가을비를 맞으니

정말
가을 단풍에 젖고,
시에 물들어 젖고,
음악에 취해 흠뻑 젖는다
시와 음악과 가을에
온몸, 온 마음을 다 적시고 말았다

젖은 가을 너머로
시詩가 보인다

「가을에 젖다」 전문

  나를 바라보고 있는 대상을 내가 다시 바라보며, 그 내면을 탐색하는 과정은 작가가 삶을 통해 쌓아온 연륜과 닮아 있다. 이는 나이테처럼 겹겹이 쌓인 시간의 흔적을 떠올리게 하며, 대상과 화자 사이에 형성된 유대감을 더욱 부각시킨다. 또한, 화자는 강한 존재가 아니라 약하고 흔들리는 존재로 묘사되며, 그 불안정함 속에서도 대상에 대한 애정 어린 시선을 잃지 않는다. 이러한 서정적 접근 방식은 대상과 화자가 서로를 바라보며 교감하는 순간을 더욱 섬세하게 포착하고 있다.

이 시는 가을의 정취 속에서 점차 깊어지는 감정을 섬세하게 포착한다. 처음에는 가을의 아름다움이나 시의 의미에 무심하던 화자가, 가을비와 음악을 매개로 감성에 물들어가는 과정을 설득력 있게 그려낸다. "별것도 아닌 것에 뭘 그러는지"라는 화자의 말은, 일상의 소중한 순간들을 무심코 지나치는 우리의 모습을 반영하며, 자연과 예술이 불러일으키는 감정의 파동에 대한 성찰을 유도한다.

특히 "젖은 가을 너머로 / 시詩가 보인다"는 구절은, 화자가 자연의 변화 속에서 시의 본질을 새롭게 인식하는 전환의 순간을 상징한다. 가을의 풍경과 시적 감동이 맞물리면서, 세상을 바라보는 화자의 시선이 이전과는 달라졌음을 암시한다. 시는 자연과 예술이 인간 내면에 일으키는 미묘한 감정의 흐름을 섬세하게 그려내며, 무심함에서 감응으로, 무관심에서 깨달음으로 이르는 감정의 여정을 아름답게 형상화한 작품이라 할 수 있다.

참깨 수확을 했다. 두 말은 족히 될 것 같다. 밭을 갈아 비닐을 씌우고 구멍을 뚫어 코팅된 참깨 한 알씩 넣었다. 흙을 살짝 덮고 일주일을 기다려도 깨 순이 나오질 않았다. 가물어서 참깨가 발아되지 못한 것이었다. 매일 물을 주며 기다렸더니 2주일이 지나서야 깨 순이 보이기 시작했다. 잡초를 뽑아주고 때때로 물을 주며 깨 순의 모가지를 댕강댕강 꺾어놓는 노린재를 잡았다. 하얀 깨꽃이 떨어진 자리에 깨 주머니가 자라면서 참깨가 영글어갔다. 깨 주머니가 몇 개 벌어질 때쯤 깨를 쪄서 해를 마주하고 데크 위에 가지런히 뉘었다. 3번에 걸친 깨 떨이 끝에 얻은 큰 수확. 참깨 한 알의 소망이 이루어졌다. 수천의 생명으로.

「소망」전문

시인에게 시적 대상은 인간의 삶과 경험을 바탕으로 형성된다. 이는 다양한 경험과 생동감 넘치는 삶의 모습이 인간 존재와 삶의 문제를 중심으로 전개되기 때문이다. 이러한 요소들은 주관적인 정서를 반영할 뿐만 아니라, 객관적인 관계망을 이해하는 데에도 기여한다.

이 시는 자연과 인간의 관계를 깊이 있게 탐구하며, 자연을 단순한 배경이 아닌 인간 존재와 감정을 형성하는 본질적 요소로 그려낸다. 시인은 참깨 수확이라는 구체적이고 일상적인 경험을 통해, 생명의 순환과 그 안에 담긴 작은 소망의 성취를 섬세하게 포착한다.

도입부에서는 참깨를 심기 위한 준비 과정이 차분하게

펼쳐지며, 이 속에서 농부의 인내와 기다림이 자연스럽게 긴장감을 형성한다. "흙을 살짝 덮고 일주일을 기다려도"라는 구절은 자연의 리듬에 몸을 맡기고 기다리는 마음을 담고 있으며, 발아가 늦어지는 장면은 가뭄이라는 현실적 조건을 통해 농사의 불확실성과 자연 앞에 선 인간의 무력함을 상징적으로 드러낸다.

이후 시는 농부의 세심한 돌봄과 끊임없는 노력을 중심으로 전개된다. "잡초를 뽑아주고", "노린재를 잡았다"는 표현은 단순한 농사 행위를 넘어, 자연과의 긴장된 조화 속에서 생명을 지키려는 인간의 일상적 투쟁을 사실적으로 보여준다. 특히 "하얀 깨꽃이 떨어진 자리에 깨 주머니가 자라면서"라는 장면은 시간의 흐름 속에서 자연의 순환과 성장이 이뤄지는 과정을 시각적으로 형상화하며, 독자에게 자연의 질서와 생명의 신비를 경험하게 한다.

이러한 흐름은 농사의 기술적 과정에 머무르지 않고, 농부의 정성과 인내가 마침내 결실로 이어지는 숭고한 순간으로 나아간다. 결말에서 "참깨 한 알의 소망이 이루어졌다. 수천의 생명으로."라는 구절은 작은 생명 하나가 거대한 생명으로 확장되는 기적을 응축된 언어로 표현하며, 자연과 인간이 함께 이뤄낸 결실의 의미를 강조한다.

결국 이 시는 한 알의 씨앗이 자라나 생명이 되고, 다시 수많은 생명으로 이어지는 과정을 통해, 생명과 소망, 기다림과 결실의 가치를 깊이 있게 형상화한 작품이라 할 수 있다.

농사의 일상적 풍경 속에서 인간과 자연의 조화, 그리고 그 안에 깃든 희망의 메시지를 조용히 그러나 강하게 전달한다.

4.

　세상이 혼란스럽거나 타인과의 관계에서 단절감이나 소외감을 느낄 때, 시는 우리에게 필요한 존재가 된다. 시에는 정화의 힘을 지닌 본질적인 요소가 깃들어 있다. 소외와 단절이 만들어내는 공간적 조건을 사유하는 상상력은, 우리 삶이 쉽게 변화하지 않는다는 시간적 조건과 맞물려 있다. 어떤 시선은 건조하면서도 행복한 통합을 갈망하고, 또 어떤 시선은 낯섦을 경험하게 하며 깊은 외로움과 소외감을 형성하기도 한다.

　아방가르드!
　멕시코에서 현지인을 위해 말씀을 선포하며 선교사역을 담당하는 한 젊은 목사님의 닉네임이다. 진정한 아방가르드가 되고자 스스로 다잡는 몸부림이 보인다. 예수 이외에는 그 어떤 것과도 타협을 거부하고 온몸으로 벽과 마주한다. 사정없이 밀려오는 평안의 벽으로부터 스스로 담쟁이덩굴이 되어 손바닥이 피범벅이 되어도 벽을 놓지 않음에 기어이 담을 넘을 것이다. 시대를 앞서고 인습을 뛰어넘을 수 있을 것 같았던 젊은 날

의 내 아방가르드의 꿈은 담장 어디쯤서 추락하고 있
　　는지,
「아방가르드avant-garde」 전문

　이 시는 젊은 목회자가 '아방가르드'라는 닉네임을 통해 현대 사회 속에서 마주하는 도전과 갈등을 섬세하게 그려낸다. "예수 이외에는 그 어떤 것과도 타협을 거부하고"라는 구절은 흔들림 없는 신념과 가치에 대한 강한 의지를 드러내며, 진정성이 흐려지는 오늘날의 사회에서 자신만의 중심을 어떻게 지켜야 할지를 독자에게 조용히 되묻는다.
　이어지는 "담장 어디쯤서 추락하고 있는지,"라는 표현은 젊은 날의 이상이 현실 속에서 점차 흔들리는 과정을 암시하며, 이상과 현실 사이의 간극을 절묘하게 드러낸다. "담쟁이덩굴이 되어 손바닥이 피범벅이 되어도"라는 시구는 고난과 좌절 속에서도 끝까지 포기하지 않으려는 인간의 끈질긴 의지를 상징적으로 형상화한다. 시인은 이러한 고통의 이미지를 통해 독자로 하여금 삶의 어려움 앞에서 자신을 되돌아보게 만들고, 묵직한 공감과 성찰의 시간을 마련한다.
　이처럼 시는 신념과 현실, 이상과 좌절 사이의 복잡한 감정과 긴장을 세심하게 포착하며, 젊은 세대가 직면한 내면의 고뇌를 사실적으로 드러낸다. 그러나 이 시가 그리는 '아방가르드'는 단지 허황된 이상이 아니라, 끊임없이 방향을 찾고자 하는 실천적 태도를 상징한다. 그것은 혼란스러운 현실 속에서도 흔들림 없이 나아가려는 인간의 본질적인 갈망이며, 그 여정 속에서 존재의 의미는 더욱 선명하게 드러난다. 다음 시를 보자.

> 햇살과 함께 화사함의 절정을 이루었던
> 꽃들의 향연
>
> 후두둑 떨어지는 꽃비에
> 괜히 눈물이 나
> 눈길 둘 데가 마땅찮다
>
> 백 년이 넘은 고목도
> 잠시 꽃을 피우고 또 다른 봄을 기약하는데
> 날마다 오늘이 선물이라며
> 숨이 턱에 닿도록 달려온 내 삶은
> 바스락거리는 빈 껍데기뿐이다
>
> 흩뿌리는 꽃비를 바라보자니
> 마음조차 산지사방 흩어지며
> 소리를 만든다
>
> '너는 무엇으로 꽃을 피웠는가?'
> 　　　　　　「너는 무엇으로 꽃을 피웠는가?」 전문

잊힌다는 것, 사라진다는 것은 그 자체로 그리움을 내포한다. 이 시는 삶의 덧없음과 그 속에서 찾는 의미에 대한 깊은 성찰을 담고 있다. "햇살과 함께 화사함의 절정을 이루었던 / 꽃들의 향연"이라는 표현을 통해 생명과 아름다움의 정점을 포착하며, 꽃이 피어나는 순간의 경이로움을 생생하게 묘사한다.

시인은 꽃비가 떨어지는 순간, 그 아름다움과 더불어 자신의 감정이 고조되는 모습을 통해 삶의 무상함을 더욱 선명하게 드러낸다. 독자는 그 순간의 찬란함과 함께 스러져가는 시간의 흐름을 체감하며, 인생의 덧없음 속에서 의미를 찾으려는 시인의 시선을 공유하게 된다.

"백 년이 넘은 고목도 / 잠시 꽃을 피우고"라며, 한때 피어나는 꽃을 통해 인생의 순간적인 아름다움과 덧없음을 조명하며, 독자로 하여금 자신의 삶을 되돌아보게 만든다. 또한 "바스락거리는 빈 껍데기뿐이다"라는 표현은 상실과 공허함을 강조하며, 존재의 의미를 향한 깊은 갈망을 불러일으킨다.

마지막으로 '너는 무엇으로 꽃을 피웠는가?'라는 물음은 단순한 질문을 넘어, 독자 스스로 자신의 삶을 어떻게 채워왔는지를 성찰하도록 유도한다. 시인은 삶의 아름다움과 그 이면에 숨겨진 슬픔을 동시에 조명하며, 독자에게 깊은 감동과 사유를 불러일으키는 탁월한 능력을 발휘하고 있다.

아무것도 없을 것 같은

막다른 길

돌아서지 마라
망설여 속도를 늦추거나
멈추지도 마라

조물주 하나님은
용기 있는 자만이
볼 수 있는 또 다른 길을
준비해 두었으니까

스스로 만든 마음의 벽을
허물지 못했을 뿐
차가운 벽은 사랑에 녹아
허물어진 지 오래다

길 위에 길이 보인다
「길 위에 또 다른 길」 전문

 길 위에서 또 다른 길을 본다는 것은 존재하는 것과 사라진 것, 보이는 것과 보이지 않는 것, 그리고 관심 있는 것과 무관심한 것들에 대한 태도를 회복하는 미학을 경험하는 일이다.

 이 시에서 시인은 삶의 막다른 길에서 느끼는 두려움과 망설임을 극복하고 새로운 길을 찾아 나서는 과정을 담고 있다. 처음 막다른 길 앞에 선 화자는 주저하지만, 멈추지 않겠다고 다짐한다. 이는 어려운 상황에서도 포기하지 않고 앞으로 나아가야 한다는 메시지를 전하며, 용기와 인내의 중요성을 강조한다.

또한, 시는 마음의 벽을 허물고 진정한 사랑과 연결될 때 새로운 가능성이 열린다는 것을 암시한다. 차가운 벽이 사랑에 의해 녹아내리는 과정은 개인의 내면적 변화와 성장을 상징하며, 이는 곧 삶의 전환점을 의미한다. 막다른 길에서 발견한 새로운 길은 단순한 물리적 공간의 변화가 아니라, 내면의 성숙과 변화를 통해 완성되는 삶의 여정이다. 시인은 이를 통해 독자들에게 적극적인 삶의 태도를 고취하며, 어려움 속에서도 새로운 길을 찾을 수 있다는 희망을 전하고자 한다.

> 잊혀가는 손글씨가 안타까워
> 육필로 시집을 출간했다기에
> 작품 사이사이 행간에 녹아있는
> 시인의 마음을 찾아보았다
>
> 보이는 곳, 생각이 머무는 자리에서
> 마음 가는 대로 붓 가는 대로
> 꾹꾹 눌러쓴 그의 필적은
> 얼룩덜룩한 삶의 자국이었지만
> 넘기는 쪽마다 형형색색의 향기가 났다

육필 시집 한 권 속에
잊히지 않을 시인의 얼굴
그리고,
시인의 마음이 빼곡히 들어앉아 있다

아직도 꿈꾸는
시인의 따뜻한 가슴이 나에게로 다가온다
「어느 시인의 육필 시집」 전문

 이 시는 육필이라는 형식을 통해 시인의 진솔한 마음을 고스란히 전달한다. "잊혀가는 손글씨가 안타까워"라는 구절은 단순한 아날로그 감성의 회복을 넘어, 기억과 정체성에 대한 깊은 성찰을 담고 있으며, 독자는 이를 통해 시인의 삶을 보다 가까이에서 체감하게 된다. 이어지는 "형형색색의 향기가 났다"는 표현은 감정의 다양성과 풍성함을 상징적으로 드러내며, 독자로 하여금 시인의 내면세계와 마주하게 한다.
 육필 시집에 담긴 이러한 감정의 결은 단순한 기록을 넘어, 위로와 감동의 정서로 확장된다. 손글씨라는 매체를 통해 시인은 더욱 진솔하고 밀도 있는 정서를 전달하고자 하며, 그 안에는 자신의 고유한 목소리와 존재감을 재조명하려는 의지가 담겨 있다. 글자 하나하나에 스며든 체온은 삶의 궤적을 따라 이어지며, 그가 겪어온 시간과 경험을 고스란히 품고 있다.

따라서 이 시는 육필 시집이 단순한 문서가 아닌, 시인의 얼굴과 마음이 함께 담긴 소중한 기록임을 말해준다. "아직도 꿈꾸는" 시인의 문장은 그가 여전히 창작의 열정을 간직하고 있음을 보여주며, 독자와의 감정적 연결을 형성한다. 손글씨 특유의 따뜻함과 개성은 시인과 독자 사이의 교감을 더욱 깊게 만들고, 이는 문학이 지닌 힘과 아름다움을 다시금 일깨워주는 진정성 있는 표현이라 할 수 있다.

> 심한 통증과 신경질 증상을 동반하며
> 마음으로부터 시작되는 질병
>
> 한시적이긴 하지만
> 일 년에 두어 번씩 재발하는 것이
> 명절 전후에만 나타나는 증상으로
> 대물림하기도 한다
>
> 「특이 질환」 전문

시는 형식적으로 사물들의 경계를 흐려 놓는 동시에, 반대로 명확한 경계를 형성하는 방식을 통해 현실의 이중성을 드러낸다. 언어는 하나의 사물을 지시하는 데서 출발하여 또 다른 사물을 가리키는 방식으로 확장되며, 이를 통해 독자가 사물들 간의 관계를 보다 깊이 이해할 수 있도록 돕는다.

같은 사건이나 사물을 바라보는 태도는 사람마다 다르다. 이 시는 명절 전후에 나타나는 심리적 고통을 다루며, 가족 간의 갈등과 그로 인한 내면의 상처를 솔직하게 표현하고 있다. 특히, "대물림하기도 한다"는 표현은 개인의 경험이 가족 구성원들에게 어떻게 영향을 미치는지를 보여주며, 심리적 고통이 단순히 개인의 문제가 아니라 세대 간에 지속될 수 있음을 시사한다. 이러한 주제는 현대 사회에서 많은 이들이 공감할 수 있는 문제로, 독자는 이 시를 통해 자신의 경험을 투영하며 깊은 이해와 위로를 받을 수 있다.

　짧고 간결한 문장 구조는 심리적 고통의 긴박함과 압박감을 생생하게 전달한다. 독자는 시인의 감정에 자연스럽게 이입하게 되며, 가족 간의 얽히고설킨 관계 속에서 비롯되는 내면의 갈등을 더욱 뚜렷하게 체감하게 된다. "마음으로부터 시작되는 질병"이라는 표현은 감정의 불안정성이 신체에까지 영향을 미칠 수 있음을 암시하며, 정서가 인간 존재의 깊은 층위에 자리하고 있음을 드러낸다.

　명절이라는 통상적인 기쁨과 화합의 시간을 배경으로, 이 시는 그 이면에 감춰진 가족 간의 긴장과 심리적 부담을 섬세하게 포착한다. 이를 통해 복합적인 감정을 진단하고, 감춰진 아픔을 인식하며 받아들이는 과정을 그려냄으로써 세대를 넘어 전이되는 감정의 흐름을 조망한다. 이러한 정서적 깊이와 진정성은 박윤희 시인의 시가 독자들에게 지속적으로 기다림과 공감을 불러일으키는 이유가 된다.

> 사찰의 창호는 소통이다
> 세상과 열반 세계의 통로
> 과거의 흔적을 담아 미래를 열어가는 창
> 채광과 비를 견디며
> 수천 년을 뒤틀림 없이 버틴 것 또한
> 열반을 위함이다
>
> 내가 그런 창이고 싶다
> 수백 년은 아닐지라도
> 내 삶의 시간 속에서
> 갈등하는 나와 뭇사람들을 위한
> 영과 육의 통로
> 창窓이고 싶다

「창窓이고 싶다」 전문

이 시는 '창'이라는 상징을 통해 소통과 연결의 중요성을 깊이 있게 탐구한다. 사찰의 창호는 단순한 구조물이 아니라, 세상과 소통하는 통로로 묘사되며, 이는 닫힘과 열림이라는 상반된 의미를 동시에 내포한다. 과거의 흔적을 품으면서도 미래를 향해 열려 있는 창은 삶의 변화와 성장, 그리고 영적인 열망을 반영한다. 특히, 수천 년을 견뎌온 창호의 존재 자체는 열반을 향한 길을 암시하며, 오랜 시간 축적된 지혜와 인내의 상징으로 자리한다.

이러한 맥락에서 화자는 자신 또한 그런 '창'이 되고자 하는 열망을 드러낸다. 비록 수백 년의 세월을 견뎌온 창호처럼 존재할 수는 없을지라도, 자신의 삶 속에서 갈등하는 자아와 타인을 위한 영혼과 육체의 통로가 되기를 바라는 마음은 깊은 연민과 책임감을 내포한다. 이는 개인의 삶이 결코 타인과 분리된 것이 아니라 긴밀히 연결되어 있으며, 아픔과 기쁨을 함께 나누고 이해하려는 노력이 얼마나 중요한지를 강조한다.

화자의 "창㥩이고 싶다"는 소망은 단순한 상징을 넘어, 소통과 이해를 통한 내면의 치유로 이어진다. 이는 독자에게도 관계 속에서 열린 마음을 지니는 것이 얼마나 의미 있는 일인지를 일깨우며, 인간 존재가 겪는 근본적인 고립을 넘어설 수 있는 가능성을 제시한다. 시는 서로를 향한 공감과 연결의 가치를 섬세하게 그려내고, 진정한 소통을 통해 이루어지는 화해와 회복의 여지를 깊이 있게 조명한다.

마치며

이 시집은 총 77편의 시를 통해 인간 존재의 복합성과 고난 속에서도 피어나는 희망을 섬세하게 탐색하며, 독자에게 깊은 감동과 성찰의 기회를 제공한다. 시인은 다양한 형식과 표현 기법을 능숙하게 구사하여 각 작품의 주제를 효과적으로 드러내고, 독자는 그 속에서 자신의 경험과 감정을 자연스럽게 투영하게 된다. 고난을 통해 성숙해지고, 사랑과 연민의 가치를 새롭게 발견해 나가는 이 시적 여정은 현대를 살아가는 이들에게 삶의 본질을 되묻게 하는 의미 있는 메시지를 전한다. 이 시집은 단순히 시편들의 나열이 아니라, 삶의 진정한 의미를 찾아가는 문학적 여정으로서 깊은 여운을 남긴다.

시인은 한 편 한 편의 시에 온 마음을 담아 표현하고 있으며, 단어 하나, 표현 하나에 이르기까지 철저한 고민과 수차례의 퇴고 과정을 거쳤다. 이처럼 치열한 작가 정신은 시 곳곳에 스며들어 있으며, 그 치열함은 단지 언어를 다루는 기술적 완성도를 넘어, 존재의 본질을 탐구하려는 시인의 고독한 여정으로 확장된다. 문학은 결국 작가가 세계와 자신 사이를 외롭게 걸어가는 사유의 길이며, 그 길 위에는 풀리지 않는 현실의 모순, 쉽게 잊히지 않는 기억의 파편들, 그리고 자존심처럼 꺼내기 어려운 내면의 고뇌가 함께한다. 이 시집은 그러한 작가의 내면을 정직하게, 그리고 섬세하게 비추고 있다.

그 어떤 아름다운 시어라도 현실을 완전히 벗어나 존재할 수는 없다. 대나무처럼 곧은 정신과 맑은 영혼조차 현실의 무게에서 자유롭지 않다. 때로는 불안과 위기감이 고조되며, 그것은 가진 자와 소외된 자, 타락과 순수 사이의 날카로운 대조를 통해 사회적 모순을 드러낸다. 이러한 현실 인식은 시의 감정과 철학을 더욱 깊고 단단하게 만든다.

일부 작품은 시인의 오랜 기억과 과거의 경험을 소환하

며 비교적 객관적인 시선을 견지한다. 기억은 단순한 회상이 아닌, 시적 화자의 삶을 구성하는 핵심 요소이며, 이러한 사실적 기록은 독자에게 삶에 대한 깊이 있는 공감을 불러일으킨다. 물론 경험은 언제나 주관적인 해석을 동반하고, 그로 인해 시적 화자와 독자 사이에는 미묘한 심리적 거리가 형성된다. 이 거리감 속에서 독자는 화자의 삶을 자신만의 방식으로 재구성하게 되며, 그것은 마치 누구나 마음속에 간직하고 있는 젊은 날의 초상처럼 아련하고도 보편적인 정서로 연결된다. 이 시집에 담긴 희망, 그리움, 고뇌, 상처, 감동 등은 결코 과장되지 않으며, 오히려 작가의 삶을 단정하거나 결론지을 수 없게 만드는 문학적 여백이 된다.

한 편의 시는 하나의 서사를 담고 있으며, 동시에 하나의 삶의 궤적을 품고 있다. 시는 다양한 형식으로 존재하며, 그 속에는 대상을 바라보는 시인의 실험적 시선이 고스란히 녹아 있다. 때로는 현실과 환상이 교차하는 부조리한 장면들이 등장하며, 이는 기존의 형식을 넘어서 새로운 감각과 인식의 가능성을 제시한다. 모든 작품에는 작가의 정신이 배어 있으며, 정신이 결여된 예술은 단지 기술적 산물에 지나지 않는다.

예술이 정신의 표상이라면, 예술 형상의 역동성은 곧 그 본질을 이루는 요소다. 예술에서 중요한 것은 단지 형식 자체가 아니라, 그것을 가능하게 하는 정신의 에너지와 그것을 어떻게 형상화하느냐의 방식이다. 시의 형상은 현실의 외형을 그대로 모사한 것이 아니라, 시인의 내면을 상징적으로 드러낸 결과이며, 이는 시인의 실제 마음 그 자체라기보다는, 그 마음을 상징적으로 재현한 표현이라 할 수 있다.

이처럼 정신의 상징으로서 형상화된 시는 고립된 개체로 머무르지 않고, 현실과의 끊임없는 관계 속에서 더 깊은 생명력을 얻는다. 인간은 원래 관계 속에서 살아가도록 구성된 존재이며, 시인의 시선 또한 그러한 관계의 틈새와 경계에서 멈추곤 한다. 종종 누구의 관심도 닿지 않는 작고 초라한 장소에 머무는 시인의 눈길이야말로, 시가 시작되는 자리이다. 그곳이 바로 시의 뿌리이며, 삶의 가장 낮고 조용한 자리에 피어난 시는 우리가 미처 인식하지 못한 진실을 비추고, 고요하지만 오래도록 잊히지 않는 울림으로 우리 곁에 남는다.

그루시선 113

콧구멍 카페

초판 1쇄 발행 2025년 5월 20일

지은이   박윤희
펴낸이   이은재

펴낸곳   도서출판 그루
출판등록 1983. 3. 26(제1-61호)
주소   42452 대구광역시 남구 큰골 3길 30
전화   053-253-7872
팩스   053-257-7884
전자우편 guroo@guroo.co.kr

ⓒ 박윤희, 2025
ISBN 978-89-8069-528-7 (03810)

*이 책은 저작권법에 의해 보호받는 저작물이므로 무단 전재와 무단 복제를 금하며 이 책 내용의 전부 또는 일부를 이용하시려면 반드시 저작권자와 도서출판 그루에 서면 동의를 받아야 합니다.
*잘못된 책은 구입하신 곳에서 바꿔 드립니다.
*책값은 뒤표지에 있습니다.